U0948399

融　媒

钟理勇◎著

中国财富出版社有限公司

图书在版编目 (CIP) 数据

融媒 / 钟理勇著 . — 北京 : 中国财富出版社有限公司 , 2021.5
ISBN 978 - 7 - 5047 - 7429 - 3

Ⅰ . ①融… Ⅱ . ①钟… Ⅲ . ①传播媒介—发展—研究—中国 Ⅳ . ① G219.2

中国版本图书馆 CIP 数据核字 (2021) 第 085420 号

策划编辑 谢晓绚　**责任编辑** 周　畅
责任印制 尚立业　**责任校对** 卓闪闪　**责任发行** 杨　江

出版发行 中国财富出版社有限公司
社　　址 北京市丰台区南四环西路 188 号 5 区 20 楼　**邮政编码** 100070
电　　话 010－52227588 转 2098(发行部)　010－52227588 转 321(总编室)
010－52227588 转 100(读者服务部)　010－52227588 转 305(质检部)
网　　址 http://www.cfpress.com.cn　**排　　版** 宝蕾元
经　　销 新华书店　**印　　刷** 宝蕾元仁浩（天津）印刷有限公司
书　　号 ISBN 978－7－5047－7429－3/G・0751
开　　本 710mm × 1000mm　1/16　**版　　次** 2021 年 8 月第 1 版
印　　张 13　**印　　次** 2021 年 8 月第 1 次印刷
字　　数 153 千字　**定　　价** 48.00 元

前言

融媒体团队需要五个这样的人

在万米高空的飞机里，空姐用甜美的嗓音加上不熟练的话术，介绍一款单价 399 元的剃须刀，把我吵醒了。“为什么要在飞机上卖剃须刀？”我非常恼火，明明我就是坐个飞机而已，怎么飞机也成了购物中心呢？我想起了在火车上卖袜子的场景。

既然被吵醒了，那我就看看吧，于是我听着空姐的指示翻开了一本机上购物杂志，上面既有曾经上过月球的名表、也有居家生活的常用品，而且直接享受免税价。想买的话也很简单，杂志上有二维码，扫二维码即可，于是我就在乘飞机时体验了一次购物之旅。

传统的媒体与新媒体之间的界限慢慢模糊，比如你刚刚在报纸上看到了一篇热点新闻，五分钟后你打开手机的新闻 App（手机软件），这篇文章显示在了手机里，晚上睡前打开电视，又能看到这条新闻在电视屏幕上。同样一条信息，通过不同的渠道出现在我们的生活里，可以是用油墨印刷的铅字，也可以是电子图片或视频。我想你应该知道我这本书在讲什么了，对，就是无处不在的融媒体。

恭喜你开始阅读本书，无论这本书是别人送你的，还是自己买的。你每天都会生活在融媒体的世界里，无论从事什么工作，在什么行业。我相信你一定听说过以下词语中的一个：多媒体、新媒体、全媒体、融媒体。当然，最后一个词，融媒体是目前最新的一个，也是本书的主要内容。融媒，就是打造融媒体。说到新媒体，那一定有“旧”媒体，为了表示尊重，我们一般称呼其为传统媒体，传统媒体包括报纸、杂志、广播、电视等。

传统媒体的劣势非常明显，比如报纸、杂志不具动感，形式空间小，对读者的吸引力有限，发行量有限，广泛度不足，内容受到版面影响严重，只能依靠主动阅读；电视、广播稍纵即逝，很容易被观众错过，一旦错过，受众就不容易再获得该信息，广告信息制作费用和播放成本高，投放时没有针对性。相比之下，融媒体的优势极其明显。融媒体打破了传统媒体传播形式上的界限，传统媒体的文字媒介（报刊）、声音媒介（广播）和视觉媒介（电视）之间存在难以逾越的鸿沟，而融媒体可集上述三种传播形式于一体，媒体之间的融合趋势越来越明显。比如我们有很多读报纸的电视节目，也有用手机听别人读书的App，文字与声音和视频之间的障碍越来越小，它们甚至可以相互转化。

如何用一句话来区分传统媒体和新媒体呢？最大的区别在于传输方式，由传统媒体的单向变为新媒体的互动。过去我们也可以向报纸反馈意见，但是非常麻烦，而现在我们打开手机观看任何综艺节目，都可以跟无数的网友在屏幕上用文字或表情进行交流，这个方式叫作“发弹幕”。信息的传输由一点对多点变为多点对多点。也就是说，人人都可以是新闻内容的制造者、传播者，媒体的界限被打破，主流媒体的话语权壁垒也被打破，信息传播是双向的、交互的。只要你愿意，就可以通过微信、微博、抖音、头条（俗称两微一抖一头条）等各种各样的平台把想要表达的内容传播出去，不同的只是你能传达的范围。传统媒体模式是一种事实来源，新媒体模式是多种事实来源，信息的来源越来越多，供我们挑选。

融媒在这里代指融媒体，融媒就是数字技术下的融合性媒介。当然，融媒的表现形态不仅仅是报纸和电视传播的融合或广播和报纸传播的融合，也不仅仅是以互联网的形式出现。它还包括一种传播方式的变化，如传统媒体是我写你读、我播你看，而现在有些数字媒体是互动的。

企业到底如何经营融媒体平台呢？要改变编辑部机制。一是将传统的编辑部门重组成为数据信息部，它主要不是针对单一的稿件进行编辑，而是针对每个具体宣传项目进行全面的数据收集、梳理与整合。二是在较大的媒体宣传活动中，以项目团队模式来执行任务。根据任务需要组成临时性的团队，从企业各部门抽调合适的人才，类似电影《流浪地球》中的不同角色安排，这种做法的好处是可以进行最优的人员配置，形成矩阵式组织或者任务式团队。但是，它也存在一定问题，因为这类任务的团队成员之间实际上需要磨合，团队成员需要通过多次的合作来达成默契，而因事而设、事毕即散的模式，可能不利于稳定团队的形成。

那么到底有没有合适的融媒体团队方案呢，本书提出了融媒体团队的五个岗位：运营总监、编导策划、主播采编、影像视觉和运营推广。五个岗位的角色不同，但都是综合性岗位，每个角色要承担多种不同的职责。比如说其中的主播采编，具有主播、采访和编辑三个岗位的工作职责。原因是在融媒体时代，主播随时可能到工作现场进行采访，这样效率更高，而不是由文字编辑提前写好大纲甚至更详细的内容，再安排主播去采访。知名主播李佳琦的很多经典台词和话术都是即兴表达出来的，而观众恰恰就希望看到更多真实和现场的表达。那为什么主播采访完了最好自己来编辑呢？这其实是因为主播在现场获得的信息很宝贵，在形成文字稿的同时具有更大的话语权，比如采访对象的情绪、内心活动、现场环境之类，主播掌握了更多情况，在进行内容呈现的时候会更全面和深入。

融媒体时代的趋势如何，融媒体团队的组织架构和人员分工如何设计，本书会给你答案。

钟理勇

2021 年 4 月 26 日

目录

CONTENTS

PART 1
融媒体的现状与发展

第三章 融媒体的价值途径

第四章 融媒体常见的平台做法

PART 2 融媒体的建设与管理

第五章 企业融媒体运营

第六章
融媒体团队人员分工之运营总监

第七章
融媒体团队人员分工之编导策划

第八章
融媒体团队人员分工之主播采编

第九章
融媒体团队人员分工之影像视觉

第十章
融媒体团队人员分工之运营推广

第十一章

企业融媒体的管理与产出

PART 3
融媒体的内容设计创作与相关案例

第十二章

融媒体的内容设计创作

第十三章

融媒体经典案例分析

跟钟sir学习融媒体
快速提升运营能力

我 们 为 正 在 阅 读 本 书 的 你 ， 提 供 了 以 下 专 属 服 务

钟sir介绍

看钟sir成长事迹，了解融媒体优秀案例

配套电子书

本书配套电子书，随时随地学习融媒体

行业社群

汇聚融媒体专业人士，一起交流行业经验

趣味测试

你真的了解融媒体吗？一测便知

读书笔记

随心记录融媒体要点，一键生成专属笔记

微信扫码

添加“智能阅读向导”
行业干货学习有助力

融媒体的现状与发展

第一章 什么是融媒体

一、融媒体的概念

互联网时代也是一个媒体时代，互联网的出现让媒体进入一个前所未有的时代场景中。许多非新闻工作者摇身一变成了“媒体人”，他们利用互联网平台，打造属于自己的媒体，这种媒体就是人们常说的自媒体。还有一些新闻组织改变了传统媒体传播的方式，利用互联网平台打造新媒体。不管是怎样形式的媒体，都具有自己的特点。如今，逐渐形成一种“资源通融、内容兼容、宣传互融、利益共融”的新模式，即融媒体模式。

融媒体到底是怎么一回事呢？简单说，融媒体就是相关的传播媒介，将广播、电视、报纸、互联网平台等既有共同点、又各有特色的媒体整合在一起，形成强大的传媒效应。在中国，有许多地方政府、企业正在尝试搭建融媒体，并且将融媒体的特点、优势发挥出来。

1. 融媒体是资源通融

如何理解“资源通融”这个词呢？我想，当今社会，各种媒体资源是非常丰富的，这些媒体的形式多种多样，具体有广播、电视、报纸、网络媒体等。这些媒体形式，在某种程度上，传播的“特性”是一致的。如果能将这些媒体资源“打通”，就能产生强大的媒体聚合效力。“打通”这些媒体资源并不是一件容易的事情，它涉及企业、组织的人员分配问题，针对此问题我将会在本书后文进行详细介绍与阐述。

2. 融媒体是内容兼容

内容兼容，才能体现融媒体“融”的特点，如果内容不兼容，就无法达到“1+1 ＞ 2”的效果，甚至还会影响媒体组织效率，提升运营管理成本。内容兼容是多方面的。有人问：“互动型媒体与内容型媒体也是兼容的吗？难道不是对立的吗？”事实上，互动型媒体并不一定“内容差”，内容型媒体也并不会因缺乏“互动”而影响内容上的传播，二者完全可以结合在一起。因此，我们也能看到，许多媒体人能够将两种媒体融合到一起，发布相关内容，并达到类型互补、内容兼容的目的。

3. 融媒体是宣传互融

对于一个企业而言，宣传内容要保持一致。如果不同类型的媒体，发布不一样的内容，或者没有将这些媒体串联到一起，就会分散内容宣传的力量。如一个保险企业宣传自己的某款保险产品，无论是在自媒体平台，还是电视媒体，抑或纸媒，都要集中力量，对该产品进行积极推送。如今，融媒体要宣传互融，集中优势力量，串联起各种类型的媒体。只有做好宣传上的互融，才能让传播的效果扩大化，形成一种“喇叭”效应。对于一个企业而言，产品宣传、企业品牌搭建、口碑传播，都需要通过融媒体进行，以形成力量，改变人们的看法和思想观念，甚至为人们创造一种新的生活方式。

4. 融媒体是利益共融

融媒体能够创造利益吗？很显然，答案是肯定的。自媒体人通过制造自媒体内容，传播自己的观点态度，同样可以制造惊人的财富和利益。其他新媒体也是如此，许多广告公司借助新媒体传播，获得 IP（知识产权）关注度，从中获益。融媒体集众家之长，不仅可以起到“1+1 > 2”的宣传效果，而且能实现利益上的共融。融媒体的运作，与其他媒体的运作有相似之处，并无太大不同。当我们的媒体人达到一定的专业技术高度，拥有了熟练的运营管理能力和设计布局能力，就能让多类型的媒体融合到一起，产生一种利益共振效应，继而实现利益共融。

媒体融合是一种理念，更是一种创新。当今时代不是一个体系内的“垂直”时代，是一个贯穿东西、几乎打通一切的“平行”时代。垂直固然显得专业，但是平行更意味着资源的优化利用，并且平行能让媒体力量冲出蓝海，摆脱孤岛效应。如今，世界 500 强企业中约有 90% 的企业拥有自己的融媒体中心，并取得了非常好的宣传效果，制造出了巨大的经济效益和社会效益。

二、融媒体的特点

融媒体的出现，不仅改变了人们的生活方式，也改变了企业面临的“宣传”现状。当一个企业、组织遭遇瓶颈的时候，人们会想到“破局”二字。如何才能破局呢？需要借助外力。外力有很多，融媒体就可以提供这样的外力，继而帮助企业、组织破局，走出困境。

融媒体到底有哪些特点呢？融媒体是传统媒体和新媒体的结合，兼具传统媒体与新媒体的一些特点。其中，《南方都市报》开展融媒，也将其口号从“办中国最好的报纸”改为“办中国最好的报”。报与报纸一字之差，却体现了融媒的理念。报纸是传统的，是纸媒的一种；但是报则不同，它脱离了报纸的“纸质”层面，既能以纸质报纸的形式出现，又能在新媒体上出现。人们获取“报”的方式更加方便快捷，而“报”的传播力度也会更大。如一则体育新闻，以往人们可以从报纸上或者体育画册上获取，如今也可以从手机 App（应用程序）、门户网站上获取。换言之，人们拿着手机，就可以看到体育新闻，不再需要买报纸。与此同时，许多喜欢购买报纸获取新闻的人，依旧是购买报纸的主力军。融媒体也就兼具了传统媒体与新媒体的特点，它能将二者融为一体，形成一种合力，推动某个企业和组织宣传。总的来说，融媒体具备以下几种特点。

1. 打破单一的媒体模式

融媒体是多元的，它不是一座“孤岛”，而是一片“大陆”。纸媒的边界就是“纸”，电视台的边界就是“电视信号”或者“电视”。以前，如果我们没有报纸，也就无法看到报纸上的新闻；如果我们身边没有电视机，也就无法观看电视节目。融媒体就是将电视、报纸、新媒体（网络）等融合在一起，打破“孤岛效应”，打破单一的媒体模式，突破边界。

2. 相互渗透、影响

既然是融媒体，就要主要体现“融”这个字。融，就是融化，相互渗透，相互影响，形成一种融合的力量。事实上，某个事物的传播需要更多样的平台来推送、呈现，这也是融媒体诞生于世的原因。另外，每一个媒体都需要相互借力，这种力的相互作用，也产生了一种凝聚力，并且将信息的传播“信号”再一次放大。

3. 高效率

众所周知，新闻进入传统媒体后需要经过一段时间的处理，才能进行发布。对于传统报纸而言，新闻从业者从新闻采集到编写需要一定的时间，从新闻排版到印刷又需要一段时间……换言之，传统媒体效率低下，人们并不能第一时间看到新闻。融媒体则完全不同，它改变了传统媒体的面貌，让新闻传递更加快速，甚至可以用“秒发”来形容。人们不仅可以通过融媒体快速得到第一手信息，还可以根据第一手信息作出相应的判断。这也是融媒体最显著的特点，即效率高，用时短。融媒体的这一特点体现了互联网时代的特性。

4. 个性定义

融媒体是个性的，它不像传统媒体那样严肃，也不像某些自媒体那样轻佻。融媒体融合了多种媒体的力量，它可以严肃，可以娱乐，完全可以按照企业组织的内容进行个性化设计。当某种权威信息经过个性化设计后，也会更容易被更多人群所接受。

5. 消除媒体与群众的边界

传统媒体与群众仿佛不在同一个世界。我记得有位朋友曾经感慨：新闻节目里的主持人，永远坐在电视机里，而我们永远坐在电视机外。”传统媒体与群众拥有着一种距离式的隔膜。但是融媒体不同，融媒体能够消除媒体与群众的边界，融媒体的内容发布更加自由、个性，人人都可以是媒体人，媒体人不再是某个特定人群。融媒体如同铲平了围栏，让媒体与群众融为一体，这也是新时代所赋予的。

6. 开放、互动

传统媒体处于一种“半开放”状态，甚至有些是“封闭”的，更谈不上“互动”二字。融媒体则不同，它更加开放，甚至提供互动的空间，让人们积极参与进来。开放的、互动的媒体，才能制造“羊群效应”，让媒体的传播力量得到进一步展示。

在这样一个信息化的时代里，融媒体是一种趋势，其功能和作用强于任何一种单一的、传统的媒体形式。因此，我们需要融媒体，融媒体也会给人们带来更好的体验。

三、融媒体的组成

融媒体不仅是一个概念，更是一个聚合多种媒体形式、媒体力量的平台。因此，致力于打造融媒体平台的企业和组织，需要了解组成融媒体的各种媒体的类型及其特点。

1. 传统媒体

传统媒体之前是最常见的媒体形式，早在互联网诞生之前就已广泛存在。传统媒体是融媒体的重要组成部分，即使是在互联网时代，传统媒体依旧拥有强大的生命力。四大传统媒体为报纸、电视、广播、杂志。

（1）报纸。

报纸就是以刊登新闻与时事评论为主的定期发行的出版物。报纸分为内刊和外刊。对于一个企业、组织而言，想要持续拥有强大的人气和社会号召力，需要一份这样的报纸，定期向大众或某些特定用户进行投放。

（2）电视。

电视是极常见的媒体形式，看电视也是之前人们普遍选择的娱乐消遣形式。曾经，央视（中央电视台）黄金档广告费破亿元。正因央视有强大的收视率，许多企业才会选择在此进行广告投放。电视是一种传统媒体，更是融媒体的组成部分之一。许多融媒体平台拥有自己的电视频道，可以通过电视信号的形式向电视机前的人们推送内容。

（3）广播。

许多司机都有听广播的习惯，比如各个地方的FM（调频）交通音乐之声。虽然广播的影响力和覆盖面不及电视，但是也能通过波段，将内容传递出去。许多融媒体平台拥有自己的广播，还有一些传统的广播电视台提升并打造广播融媒体。李秋红在一篇名为《融媒时代如何做好广播节目》的文章中表示：融媒时代，受众的认可度正以越来越大的权重决定着媒体的影响力。广播媒体寻求突破和跨越，要始终围绕服务人民这一中心。一要精准化、差异化传播，二要强化互动，三要加大合作，四要节目变产品、受众变用户。

（4）杂志。

杂志与报纸相似，都是传统纸媒的一种。与报纸不同，杂志的内容更加鲜活丰富，更加能够吸引读者关注。许多融媒体平台也有自己的杂志，并将杂志精准投放到相关区域。如中铁融媒拥有自己的《中国铁路》杂志。还有一些教育融媒体平台有自己的出版中心，出版自己的杂志进行传播，如明博教育就打造了一套“融媒体 + 教育 + 出版”的融合多种媒体形式的出版体系。

2. 新媒体

新媒体是有别于传统媒体的新型媒体形式，百度百科给出这样的定义：新媒体是利用数字技术，通过计算机网络、无线通信网、卫星等渠道，以及电脑、手机、数字电视机等终端，向用户提供信息和服务的传播形态。从空间上来看，新媒体特指当下与传统媒体相对应的，以数字压缩和无线网络技术为支撑，利用自身大容量、实时性和交互性，可以跨越地理界线最终得以实现全球化的媒体。新媒体包括手机媒体、电视新媒体和其他互联网新媒体。

（1）手机媒体。

随着5G（第五代移动通信技术）的上市，许多事物都发生了变化，尤其是人们的社交方式。人们借助5G等技术形成了自己的“新社交圈”。手机作为承载5G的设备之一，承担起帮助人们正常社交、工作的任务。这也产生出了一种新的媒体——手机媒体。手机媒体恰恰提供了这样的机会，让人们自主发布与之相关的信息和内容，以此实现自我需求。手机媒体是当前十分常见的媒体形式，也是融媒体的重要组成部分。

（2）电视新媒体。

电视新媒体有别于传统的电视媒体。众所周知，传统电视媒体依赖于电视信号，而且只有通过电视才能被观看。电视新媒体则完全不同，它借助数字信号进行传播，无论是用电视、电脑，还是用手机，人们都可以观看。传播形式的转变，也导致人们电视观看习惯的改变。电视新媒体也克服了传统电视媒体的先天不足，提升了传播效率和传播面积。

（3）其他互联网新媒体。

当人们看到这个词，就会想到各式各样的互联网媒体平台，有人通过微博、微信公众号发布信息，有人借助快手、抖音进行直播，还有人通过微视发布自己创作的视频……总之，这些平台也属于融媒体的一部分，融媒体的力量正体现在这里，它将所有的新媒体融合到一起。

只要是内容兼容的、形式创新的、能够带来集合效应的媒体，都可能纳入融媒体系统，为融媒体平台服务。

第二章 融媒体的发展

一、企业融媒体的发展现状

融媒体的出现，让许多企业、组织受益。2016 年，习近平总书记发表了一段关于融媒体建设的重要讲话，他说："尽快从相'加'阶段迈向相'融'阶段，从'你是你、我是我'，变成'你中有我、我中有你'，进而变成'你就是我、我就是你'，着力打造一批新型主流媒体。"这段话，也提醒了人们，融媒体的建设与发展是刻不容缓的。国家政策的支持，以及时代的发展，呼唤融媒体的发展。从垂直独立，到平行融合，融媒体有非常好的技术平台和时代生命力。

2018 年 9 月，传媒一线发表了文章《推进县级融媒体中心建设，这些案例值得借鉴》，其中写道：浙江长兴传媒集团的媒体融合实践，被国家新闻出版广电总局列为 2016 年面向全国推广的 17 个典型案例之一。2011 年 4 月，长兴传媒集团由原来的广播电视台、宣传信息中心、县委报道组、政府网新闻版块四个单位整合组建而成，成了全国第一家县级传媒集团。2012 年，集团将报社和广电的采访资源整合，成立了全媒体采访中心。2016 年搭建融媒体中心，把采编人员聚到一起。2017 年开始全域融合，打造中央厨房，把采编融到一起。2018 年将进一步深化融合，将内容生产与经营进一步融合，将指挥平台的功能进一步拓展。

在当前市场下，融媒体的发展天地是广阔的，融媒体是前景无限的；但是，融媒体仍旧是一个新生事物，与融媒体相关的人才依旧是匮乏的。用一句话来概括现状就是“心有余而力不足”。许多企业组织有发展融媒体的想法和需求，但是没能搭建起属于自己的融媒体平台。当前企业组织融媒体的发展，面临以下几种窘境。只有解决好这些问题，才能改善现状，让企业组织拥有属于自己的融媒体平台。

1. 缺乏创新

融媒体不仅是一个聚合所有媒体力量的平台中心，更是一种改革创新的产物。融媒体是一种创新的“集合体”。但是当下，我国许多企业组织缺乏创新能力，依旧在旧思维、旧战略下艰难前行。有一位企业领导说过一段发人深省的话：“如果我们的企业进行创新，就意味着抛弃过去熟悉的东西，进入一个陌生新领域……这既会带来新机会，也会产生新危机。创新，不仅仅是勇气，更是一种担当。当企业面临发展窘境，只有创新这一条路可走。”创新是发展融媒体的唯一道路。如果一个企业没有创新的动力，依旧墨守成规，也就无法打造融媒体平台。

2. 缺少机制

当下，许多企业依旧选择传统媒体来宣传，如通过报纸、电视打广告等。虽然个别企业有自己的网站，但是网站流量非常低，无法产生 IP 效应。个别企业有自己的官方公众号，但是官方公众号并没有得到足够的推广，也就无法产生宣传推广效应。总体来说，企业缺乏建设融媒体的机制，也就无法打造融媒体中心。想要解决这个问题，企业就要健全与融媒体发展的相关机制。机制有了，就能打造与融媒体相关的体系和平台，也就有了“主心骨”和“发展方向”。

3. 缺乏内容

内容千篇一律，或者内容粗制滥造，也是当前企业融媒体面临的问题。一方面，“拿来主义”导致大量媒体在内容上相似或相同；另一方面，企业缺乏内容方面的专业人才，只能采取相互借鉴的方式。因此，企业组织要想解决这个问题，不仅要改掉“拿来主义”的坏习惯和坏作风，更要在内容创新、内容优化上做文章。只有优秀的、具有创意的内容，才能产生 IP 效应。众所周知，一则优秀的原创广告就能带来“羊群效应”；而低劣的广告词和粗俗不堪的广告内容，则会影响企业的形象，也会影响企业融媒体平台的建设和发展。

4. 缺乏人才

融媒体人才不同于传统媒体人才，融媒体对人才的要求更高，要求他们有专业的知识和深厚功底，要求他们能够独立完成内容的设计与媒体渠道的推送……当前，企业缺乏这样的人才。没有专业人才，也就无法打造融媒体平台。

企业面临着较为严重的融媒体发展窘境，远远不止以上四种。企业只有在实践中才能摸索出融媒体建设之路。当然，这也是我们融媒人和融媒培训专家所致力的工作，任重而道远。

二、融媒体的运营发展史

在我国，融媒体还算是一种新生事物。但是在海外，尤其是西方发达国家，融媒体发展、运营已经非常成熟。说起中国的融媒体运营，第一个案例就是我们经常提起的、中国人的骄傲：北京奥运会。

北京奥运会选择的媒体形式是“MPC”，即主媒体中心。主媒体中心与融媒体有什么区别呢？在我看来，“MPC”也是融媒体的形式之一，它是综合性的，是体育赛事专门为各种媒体记者及相关工作人员打造的媒体服务中心，其中包括纸媒、电视媒体、新媒体等。四川师范大学文学院的教师庹继光在《北京奥运会报道中的媒介融合》中表示：回顾 2007 年 3 月，在北京奥运会开幕倒计时 500 天前夜，全国 15 家主要城市的市民报与百年奥运史上第一个互联网内容服务赞助商搜狐网联合组建了“全国奥运媒体联盟”；2007年8月，奥运会开幕式倒计时一周年之际，《南方都市报》《楚天都市报》等11家国内主要城市的市民报则与腾讯网联合组成“捷报奥运联盟”；此外，TOM在线（无线互联网公司）先与湖南卫视结成战略合作伙伴，随后与28家平面媒体、16家电台携手启动“28+1”奥运报道联盟，许多新闻单位内部也在抓紧奥运会报道的媒介融合，传统的报业集团麾下的报网互动自不待言……由此可见，北京奥运会前中国融媒事业发展已经启动。

文章还写道：12月18日，中央电视台与国际奥委会签约，宣布CCTV（中央电视台）的新媒体平台CCTV.COM成为北京奥运会官方互动网、手机转播机构，这也是因为中央电视台可以充分发挥电视台、网站和手机多平台联动的优势，联合最广泛的新媒体合作伙伴，确保最大范围最大限度地报道北京奥运会。由此可见，CCTV融媒体平台见证了奥运历史的奇迹，极大推动了奥运发展，并宣传了北京这座中国城市，也为中国的建设与发展提供了新契机。综上所述，融媒体可以极大推动城市发展，让城市拥有强大的知名度。

除北京奥运会之外，许多大型赛事、大型国际会议，都选择这种“融合”多媒体的形式进行宣传与报道。2010年，上海世博会也采用了融媒体的形式进行报道和宣传。上海也极其需要融媒体平台的报道。2010年8月，新华社有一篇名为《上海世博会为上万媒体人营造温馨的“记者之家”》的报道写道：“上海世博会开园接近4个月，与每天约40万游客一样兴致勃勃的还有一个特殊群体——数以万计的中外记者。统计显示，世博会前半程，进入园区的媒体注册人员总数达12.74万人次，其中境外记者超过1万人次。8月以来，尽管上海出现百年不遇的极端高温天气，每天进入园区的媒体注册人员仍有500人次至600人次，其中约十分之一是境外记者。根据上海世博会媒体注册中心累计向中外媒体发放的12389张注册证件推算，每名持证记者往返世博园超过10次。截至7月底，位于黄浦江畔的上海世博会新闻中心共举办了100多场新闻发布会和集体采访活动。新闻中心内设立的国际广播电视中心（IBC）制作直播节目总长达260小时以上。世博会官方电视新闻团队，向中外媒体提供了约2700分钟的公共电视新闻素材。作为上海世博会唯一东道主通讯社，新华社为来自发展中国家的100多家媒体提供了图片新闻服务。”由此可见，融媒体极大推动了上海世博会宣传，并以世博会为契机，推动了上海市的发展，打造了一张“魔都”新名片。国家广播电视总局副局长朱咏雷说：“伴随上海世博会的进程，新闻中心也在不断‘成长’。”

如今，我国融媒体的发展仍旧在高速推进之中。除一般企业打造自己的融媒体中心之外，地方政府、报业集团、电视台等也在纷纷推出、打造自己的融媒体中心。国家主席习近平在2013年的全国宣传思想工作会议上发表过这样一段重要讲话，他说：“手段创新，就是要积极探索有利于破解工作难题的新举措新办法，特别是要适应社会信息化持续推进的新情况，加快传统媒体和新兴媒体融合发展，充分运用新技术新应用创新媒体传播方式，占领信息传播制高点。”

以上就是我国融媒体的发展简史。

三、融媒体运营的基本内容

融媒体是多元素的、融合的，集合众媒体之长……看上去似乎有些复杂，事实上，只要我们的企业管理者深入了解融媒体，理解融媒体运营的内容，也就能够打造融媒体平台。融媒体到底运营了什么？我们借助一个案例简单阐述融媒体运营的基本内容。

如今，许多县市都在打造融媒体中心，并在国家政策的响应下积极做出尝试，取得了不错的效果。某县打造的融媒体中心，是一个主流舆论的阵地，一个综合性的服务平台，一个县区信息枢纽。因此它也具有了三个功能，即舆论阵地、服务平台、信息枢纽。换言之，融媒体运营的基本内容可以统筹为新闻、政务和服务。

1. 如何建设主流舆论阵地

什么是舆论呢？舆论就是公众的言论，反映了一种社会心理。任何人都可以对某个事物、社会形态、事件作出评价，舆论是公开的，既有社会主流方向的正面舆论，也有不利于社会发展的负面舆论。对于企业、组织而言，正确引导舆论方向，建立舆论阵地是非常重要的一件事。打造融媒体平台，也是给民众提供了舆论平台。因此，打造融媒体平台时，在舆论阵地建设方面，要做好以下几个方面。

（1）社会传播。

具体指策划撰写相关文章或拍摄新闻视频等，涵盖全网的意见领袖，在多种媒体平台上进行转发推广，以此产生巨大的社会效应。如今，许多企业通过融媒体推广自己，起到了非常好的社会传播效果。另外，一些组织部门传播当地民众生活情况，让更多人了解当地风土人情。

（2）广告推广。

任何企业都需要广告，甚至政府组织也需要公益广告。文案策划者策划广告，然后通过融媒体平台进行广泛宣传，产生广告效应。有些文案策划者极具才华，策划的广告方案一经推出，就引起了巨大的讨论。

（3）负面澄清。

每一个企业、组织，都可能会遭遇危机或者负面新闻，如某上市公司生产造成污染，给社会带来不良影响。后来，该公司进行环保升级，并通过融媒体进行负面澄清，引导舆论，逐渐改变人们对该公司的印象，以此实现危机公关的效果。

2. 如何建设综合服务平台

融媒体平台也是一个服务平台，给众人提供服务。政府需要借助融媒体平台“融合”其他与之相关的一切服务，如政务、便民、医疗、教育、卫生、党建、文旅等，并将这些元素“融合”在一起，这也是融媒体的使命。应关注民众需求，落实与民众相关的一切政策，并形成一种“合作力”。对于企业而言，选择融媒体后，如何给客户提供服务，如何进行风采展示，如何宣传产品，如何进行精准推送？或许建设融媒体平台的方法各异，但是都可以体现融媒体的力量和价值，也能给企业、组织提供一个综合性的服务平台。融媒体不仅仅是一个媒体中心，还是一个服务中心，让融媒体“融合”更多有价值的东西，也是我们媒体人应该致力于实现的。

3. 如何打造信息枢纽

什么是信息枢纽？信息枢纽就是信息管理中心，它确保信息正常传输，建立并保持各个方向的信息联络。对于地方政府而言，打造信息枢纽，就是了解社会舆情，挖掘人民需求，然后汇总形成重要信息，通过融媒体进行发布。对于一个企业组织而言，同样也是如此。许多企业拥有自己的“微社区”，“微社区”就是融媒体的一种表现形式，并且极具企业特色，为企业发展带来巨大的推动作用。

如果我们的企业能够建设主流舆论阵地、建设综合服务平台、建设信息枢纽，也就完成了融媒体平台的初步建设。建造并运营融媒体也有一套经验模式，这也需要企业管理者去摸索。与之相关的具体运营方式，我们将在后面章节进行详细阐述。

四、融媒体运营的企业价值

当下有一种思维，叫产品思维。到底什么是产品思维呢？产品思维是一种解决问题的思维，还是一种满足用户需求的思维。融媒体是否也可以帮助企业解决问题呢？答案是肯定的。当今企业都可能面临哪些问题呢？

首先，企业可能会面临创新问题。许多企业停步不前，是因为自己的创新无法跟上市场的变化。众所周知，许多著名的企业，之所以能够立足世界，恰恰是因为创新。苹果公司可能是世界上拿到“创新技术项目专利”最多的企业，其品牌价值一度飙升至世界第一名。许多企业都在高喊“创新”的口号，却没有实现创新。融媒体是一种创新，这种创新本身与企业其他方面的创新是不谋而合的。再回过头看一下，许多创新型企业，尤其是知名的大企业，都有自己的融媒体。并不是融媒产生企业创新，而是融媒这一创新可以引发一系列的创新裂变，从而为企业创造价值。

其次，企业可能会面临宣传问题。许多企业都在做广告、做宣传，甚至每年支出的广告费和宣传费都高得惊人……山东有一家酒厂，名叫“秦池酒业”，曾是央视广告标王，每年投入惊人的广告费。但是，现在“秦池酒业”的产品销量如何？知名度如何？想必，如果我不提它，没有太多人还记得这家酒厂。还有一些企业，选择用新媒体的形式打广告。有人问：“有效果吗？”答案是肯定的。如果企业遭遇宣传问题，融媒体就会发挥巨大的作用。它不仅有电视台的广告宣传，还有纸媒、新媒体等其他媒体渠道的广告宣传，一下子就能帮助企业解决问题。对于企业而言，打造自己的融媒体平台是非常重要的。有一些企业老板没有意识到这一点，依旧选择传统媒体或者单一媒体进行企业宣传和产品推广，但是效果没有达到预期。此外，有些人可能会问：“融媒体会不会产生高昂的运营管理费用？”我想，任何事物的投入与运营，都会产生这样的费用。当一个企业拥有相关人才和与之相关的配置，运营成本就会下降，所取得的效果就会得到大幅度提升。融媒体是“低成本高产出”的，能帮助一个企业节省高昂的宣传支出。

最后，企业可能会面临危机公关问题。有一家企业，因为产品质量问题，一度被用户追至“热搜”，市值暴跌。这家企业非常需要有经验的、有水平的公关团队进行危机公关。幸运的是，这家企业拥有自己的融媒体平台，其工作人员每天制作大量的内容进行危机公关……时间久了，效果就产生了。许多用户逐渐改变了观念，并尝试接受这家企业的产品进行“亲自内测”。最后这家企业竟然完美公关。由此可见，融媒体平台具备危机公关功能。

流量为王的时代，融媒体还算一个流量工具。许多企业都在尝试引流，有了流量，也就有了市场关注度。互联网的出现，给许多企业带来了新思路和新运营模式，产品思维就是其中之一。一些人说：“许多企业都在讲故事，谁的故事好听，就能引发巨大的市场地震。”最有代表性的，恐怕是江小白。江小白讲述的并非只是“饮酒”的故事，还是富有市井气的、接地气的故事。但是，只会讲故事已经不够了，还要把这些故事讲给更多人听。正如裂变效应一样，只有越来越多的人开始对故事感兴趣，才会产生一种流量效应。流量爆炸形成IP，IP就会产生巨大的商业价值。讲到这里，很多人就会联想到“融媒”二字。融媒具备这样一种能力，它完全可以给一个企业带来流量，并制造出IP品牌。流量为王的时代，借助融媒制造流量，不是恰恰符合企业的核心发展利益吗？

融媒代表着一种传播新逻辑，并且可以帮助企业引流，甚至能给企业制造“引爆点”和“传播点”。当企业意识到融媒，就能感受到融媒的力量和价值。

第三章　融媒体的价值途径

一、广告投放

说起融媒体，就不得不提“广告”二字。可以说，全国上下，几乎所有的企业都需要打广告。有人好奇地问：“难道不是酒香不怕巷子深吗？”当今时代，互联网高速发展，不会打广告的企业，恐怕是难以前行的。酒香不怕巷子深的案例，是非常罕见的。几乎所有的企业都在广告宣传方面下功夫，这也足以说明广告投放的意义。

来自传媒圈的一篇名为《融媒体时代，广告可以这样玩》的文章写道：随着大数据在广告领域的快速应用以及计算广告学的兴起，广告主将会越来越精准地计算出用户所在的特定场景，从而预测出他们在所处场景或者即将所处的下一个场景中的具体消费需求，并快速生产定制化、内容化的广告，精准投放到用户正在使用的媒体终端或者正在浏览的内容界面上，从而对市场形成拉动。这种将内容、广告、用户和场景完美匹配的方式，使得广告主所投放的广告信息好像是为消费者量身定做的一样。它彻底颠覆了传统的大众广告投放模式，开启了一种全新的个人市场和精准的个人广告投放模式。融媒体现了一种融合，更是对媒体技术的“整合”。融媒体覆盖面积更广，投射更加精确，甚至可以对客户进行准确预判。融媒体到底是如何进行广告投放的呢?

1. 多内容定制

换言之，融媒体融合了多种媒体形式，是一种“全媒体”形式。某企业在推送新产品广告方面，采取了内容定制的方案。其中，图片方案通过传统媒体进行推送，视频方案通过视频网站和网络电视进行推广……还有流媒体形式的“图片 + 文字”内容在各大网站、户外广告屏幕上滚屏，形成强大的辐射面。与传统媒体广告不同的是，融媒体广告内容更加丰富、鲜活，形式更加多样。年轻人喜欢时尚的新媒体广告，企业可以根据年轻人的喜好定制时尚、新颖的广告内容；中老年人更加接受传统媒体的广告内容，企业就可以根据中老年人的行为习惯编辑并制作广告内容，为客户进行广告内容的精准制作。正如《融媒体时代，广告可以这样玩》中所写：更高层次的“广告即内容”表现为，将广告信息完全按照内容信息的生产方式和传播方式来操作，也就是将广告目的有机地融合到所要呈现的内容中去，从而在目的或者意图上实现了“广告即内容”。越来越多的广告主正在通过精心打造的定制化内容产品来吸引并锁定更多的用户。这将进一步削弱在非数字化的媒体上投放广告的作用和价值。

2. 直播带货

现在，许多年轻人都在做直播带货。直播带货是非常新颖的、鲜活的广告推送形式，也开启了营销的新篇章。许多拥有融媒体的企业，都有自己的直播平台，提前将商品广告内容编辑至直播脚本，然后进行直播带货。随着直播技术的成熟，许多融媒体工作人员能够熟练使用各种直播软件和直播器材，提升直播质量，提升观众的观感体验，并在直播中与观众直接进行互动。这样的广告投放行为，更加亲民、贴近生活。让广告受众产生一种在场感，也是广告高效投放的重要条件之一。

3. 多平台分发

融媒体融合了传统媒体、新媒体，只要能够进行广告投放，就能产生广告效应。许多融媒体平台进行广告投放时，会充分利用这些媒体的特色。比如，某企业在进行产品信息的采编之后，将其发布到融媒体平台，然后通过平台整合的目标渠道，如今日头条、微博、哔哩哔哩、优酷等，进行一键转发。不仅覆盖面积大，而且会产生巨大的广告辐射效应。另外，一些企业将 AI（人工智能）技术和大数据技术融合到融媒体平台，给平台提供了更加丰富的广告场景，更加有利于广告内容的渗透。

总之，融媒体在广告投放方面有着非常强大的功能，它覆盖面积广、宣传力度强，内容鲜活，操作简单，能够满足用户在不同场景下的需求。

二、品牌传播

对于一个企业而言，品牌传播与广告投放同等重要，甚至有人说："打造品牌等于创造价值。"一个企业的品牌、口碑越好，其知名度也就越高，产品的认可度也就越好。苹果公司是一家非常擅长品牌传播的公司，之前许多人以拥有一部苹果手机为荣……众所周知，苹果公司的新品发布会都会由 CEO（首席执行官）蒂姆·库克亲自主持。其实，蒂姆·库克之前，史蒂夫·乔布斯也是这样做的。细心观察的人们会发现，苹果公司的新品发布会是面向全球的，而且在多个媒体频道以文字、图片、视频等多种形式进行宣传。2020 年，苹果公司发布新款苹果 12 手机也是如此，几乎全球所有角落的人都能看到苹果公司的产品发布会。事实上，人们几乎每天都能看到与苹果公司相关的各式各样的新闻，这些新闻又有许多是苹果公司发布的。为什么苹果公司可以保持长盛不衰？是因为其品牌宣传到位，并且借助了融媒体的形式。

融媒体给企业带来了一套媒体宣传矩阵，使每一种媒体形式都能起到作用。有一家能源企业打造并建设融媒体平台，借助其进行企业品牌推广，融媒体上既有视频，也有文字图片。该企业融媒体负责人说："融媒体就是将我们已知的、熟悉的各种媒体渠道聚合起来，形成力量，然后进行不间断推送。"这家企业有自己的公众号、百家号、微博，还有自己的直播账号，甚至还有精准投放某个区域的"内刊"，宣传形式多种多样。每天，该企业都会进行宣传，从产品到服务，从员工培训到平台建设，从客户营销到后台维护，宣传的内容几乎涵盖了企业的一切活动信息。对于一家企业而言，集中优势去融媒，就能推动企业品牌建设，正如融媒互通公众号所撰写的一篇名为《全链式共享融媒平台？融媒互通开启品牌传播新时代》的文章所阐述的：融媒互通是一个个性化自主选择的融媒平台。融媒互通依托多年专业的媒体传播和品牌运营积淀，业务涵盖 7 大类 42 项专业品牌服务。平台在品牌调研的基础上可提供品牌策划，为企业品牌建设指明方向，并提供模块化会员品牌打包服务，企业可按自身需求进行自主选择、自由组合服务项，打破以往僵化的品牌运营模式。融媒互通是一个打造融媒体矩阵的品牌营销平台。平台打通了传统权威媒体、网络媒体之间的传播界线，建立独家融媒体矩阵。一次产出，全网营销。同平台共享，多渠道分发，实现最大品牌营销传播效果。

如今，许多企业都有自己的融媒体平台，有一些企业有意向打造自己的融媒体平台。我致力于企业融媒体平台的建设，并且能够提供更多建设经验和具体建议，帮助企业借助并通过融媒体平台宣传推广自己的品牌。当今时代是一个融媒时代，也是一个打通边界、突破边界的时代，企业组织需要借助这样一种“媒体力量”去完成自己的历史变革，变则通，通则得到更多发展的契机。

除企业之外，我国许多地方政府部门也在打造自己的综合化的融媒体。以《寻味顺德》为例，该纪录片最早通过电视媒体进行传播，与此同时，借助手机客户端、网站等多种形式进行传播与推广，让更多电视机外的观众看到，让众多观众和老饕认识了顺德，感受了顺德美食。顺德美食之都的名片也被快速发送到全国各地。纪录片的火爆传播，离不开地方融媒体的推广，而各大媒体平台反复转播以及上亿次的播放量，产生了巨大的社会效应。换言之，融媒体给顺德这座城市带来了口碑，甚至为顺德进行了引流。

对于企业而言，融媒体的建设成本并不高，它仅仅需要一个企业重视并形成一种“融媒思维”。融媒体给企业带来的品牌宣传力远远超过任何一种单一媒体的宣传力。

三、“粉丝”分享

众所周知，每一个知名的品牌都有自己的“粉丝”群体。“粉丝”是忠心耿耿的客户群体，还是品牌推介的群体。苹果公司由于产品设计新颖、质量好，继而赢得众多“粉丝”。苹果公司的“粉丝”简称“果粉”，全中国拥有数以千万计的“果粉”，每当苹果公司发布新产品，“果粉”们就会络绎不绝地进行购买，并对苹果新产品进行宣传和推介。

除苹果公司之外，小米公司也是如此。小米公司所研发生产的科技产品以“高性价比”闻名于世，并因此收获了大量“米粉”。在中国，小米公司具有强大的市场号召力和品牌影响力。这一方面离不开产品的设计与研发，另一方面也离不开企业的宣传与推广，以及数以万计的“米粉”参与。换言之，几乎每一个优秀的企业都有庞大的“粉丝”群体，“粉丝”也会产生“粉丝”效应，不但能提升企业品牌的知名度，而且能提升品牌价值和产品利润。

融媒体能否帮助企业获得“粉丝”呢？这是显而易见的。有一家企业生产休闲食品。休闲食品是一种快消品，企业产品如果定位准确，定价合理，就有可能在市场占有一席之地。这家企业最初选择最简单的宣传策略——打广告。

该企业负责人说：“我们一直投放网页广告，起初有一点效果，但是效果很不明显。”换言之，这家企业虽然重视广告宣传，但是宣传效果不佳，没有提升品牌知名度。后来，这家企业的负责人去同行业的巨头处学习取经，发现了一个提升品牌知名度的秘密：借助融媒体平台不断进行品牌宣传与推广，并邀请消费者参与体验。于是，这家企业便寻找“高人”，帮助自己搭建融媒体平台。

几个月后，融媒体平台搭建完毕，该企业负责人招募了几个媒体高手，并建立起良好的合作关系。经过策划，这家企业重新打造了一个新品牌，并以此为基础，进行新产品的推广、宣传，主要内容如下。

其一，该企业进行软文推广。许多自媒体平台上开始出现各式各样关于该品牌休闲食品的试吃文章，并且搭配漂亮的图片。这一番宣传起到了非常好的效果。许多年轻人开始主动寻找该品牌产品的购买渠道，并且进行购买。与此同时，该休闲品牌的视频广告也频频出现在各大平台上。此外，该企业聘请了明星代言，明星良好的气质和形象为这家企业带来了不少流量。

其二，该企业进行捆绑促销。与该企业休闲食品相关的捆绑促销信息层出不穷。其中有一个广告词是“只是便宜一点点”。这个简单的广告词引发了不小的商业效应，许多追求性价比的消费者选择购买捆绑促销的商品。众所周知，捆绑促销是一种非常好的促销手段。另外，这家企业掌握了一套裂变的商业模式，以低价拼团的方式吸引消费者进行重复购买。某一年的“双十一”，该企业当日销售量达到了全年销量的15%，创造了属于自己的奇迹。当然，这一切离不开融媒体的参与，没有融媒体，也就无法创造这样的奇迹。

其三，该企业不断与消费者进行互动，提升消费者的体验度与忠诚度。久而久之，一个庞大的“粉丝”群体就诞生了。这些坚定不移的消费者长期、大量购买该企业的休闲食品。甚至还有一些消费者摇身一变，成了该企业的“微商代理人”，代理分销该企业的休闲食品。“粉丝”群体的产生，才是商业裂变的开始。于是，人们开始从“粉丝”的视频直播间看到该企业的休闲产品，该休闲产品的销售渠道越来越多，宣传推广力度也越来越大。如今，该企业已经是国内休闲食品的龙头企业，有强大的市场竞争力。

在这里，我还要补充一个名词：“粉丝分享”。什么是“粉丝分享”呢？就是“粉丝”分享自己的生活和消费心得，间接促进企业品牌知名度的提升。如“果粉”经常在社区里分享自己使用苹果手机、苹果电脑的心得，“果粉”身边的朋友也会跟着购买苹果公司的电子产品。小米公司的情况也是如此，那些号称“水军”的“米粉”们，也是小米公司身后的大树，帮助小米公司由一家普通的科技企业，变成一家巨无霸科技企业。再次强调，苹果公司和小米公司都有自己的融媒体平台。企业依靠这样的平台，就能源源不断制造“粉丝”，打造品牌大IP。

四、IP 流量创造口碑

当今时代是一个流量为王的时代，可以说流量几乎决定着一切。如今，许多年轻人通过自媒体平台为自己赚流量。“流量都有什么用呢？”曾经，我问过一位网红，他有千万计的“粉丝”。他说：“我一场直播可以赚到几万元，甚至更多……”这就是 IP 流量的价值。除此之外，网红的知名度，可以让他参与更多之前从未参加过的活动。对个人而言，IP 是非常有意义的。还有一些知名大 IP 也是流量制造的结果。许多年轻人曾经追捧过网络小说《鬼吹灯》，小说本身拥有千万级别的“粉丝”。正因如此，影视公司购买该小说的影视改编版权，将小说改编成电影和电视剧。改编后的作品与小说共同形成了一个巨大的商业 IP，并且给影视公司带来巨大的收益。与此同时，电影和电视剧还能捧红许多影视演员。许多企业也在制造 IP，它们制造 IP 的方法无非以下几种：第一，企业宣传，打造 IP 的方法有很多种，这也是最传统的办法；第二，打广告，许多企业打广告卖产品，如果把产品做成了畅销品和明星产品，企业也跟着发达，如苹果公司；第三，制造事件，通过事件引人关注，以此达到效果，如著名企业的“捐助”事件等，或者“救援”事件。总之，这些方法都可能给企业带来 IP 流量。但是，无论是企业宣传还是广告推送，抑或是制造事件，都需要借助媒体平台进行推广、传送，融媒体的出现也恰恰给这些企业提供了这样的机会。

雷盛廷在人民网上发表了一篇名为《从传统媒体到融媒体：电视节目的品牌构建与 IP 开发》的文章，他表示：如今融媒体时代到来，人们获取信息的渠道越来越多，报刊、广播、电视、网络和不断推陈出新的各种形式的新媒体不断地渗透到人们的生活中，加上各种智能终端产品也无孔不入地附着在人们的日常生活中，如今的媒体已经有了非常宽泛的外延，更多的终端和智能产品都具有媒体的功能和属性，已经很难用“是”或“否”来对它们的媒体属性加以界定……以技术为先导的融媒体的具体形态和系统模式却一直在演变，且速度相当快。按照融媒体的定义，它是指充分利用媒介载体，把广播、电视、报纸等既有共同点又存在互补性的不同媒体，在人力、内容、宣传等方面进行整合，创建的资源融通、内容兼容、宣传互融、利益共融的新型媒体。然而，融媒体实际上是一种媒体体系，是把多种具有媒介属性和功能的介质融合起来进行智能传播的一种新型媒体系统。我们已经进入智能时代，媒体革命潮流滚滚而来不可逆转。电视作为传统单向传播内容的载体，在整个媒体生态当中的地位和重要性被削弱毋庸置疑。单就电视媒体本身来说，好内容是制胜法宝。但是，当今社会除了电视媒体之外还出现了诸多新型媒体，它们共同构成了复杂的媒体生态环境。因此，以电视为内容核心，在融媒体基础上的传播策略显得尤其重要。以电视为主要传播载体的电视节目如何在当今融媒体时代焕发出强大的生命力并构建自己的品牌效应，以及如何塑造并且全面开发自身的IP价值，是现如今电视媒体人需要探讨的重点课题。

从这篇文章中不难看出，融媒体拥有一种巨大的融合优势，将所有可以相互兼容、相互补充、相互借力借势又可以共同发力的众多媒体集结在一起，形成一个巨大的媒体平台，并且可以实现“一键转发”，让某个企业的产品、新闻在多个平台上一同出现，给企业带来关注度。

“关注度”这个词，就是指关注你的人到底有多少。如今，许多人都在玩抖音、刷快手，受关注的程度越高，人气就越旺。许多企业也有自己的抖音号、快手号。企业的专职人员拍摄抖音或者快手视频，然后发布到网络上，也能引起众多“粉丝”的关注。只要“你”发出了动态信息，所有关注“你”的人就会第一时间看到。如果一家企业借助融媒体平台发布自己的动态信息，也会产生这样的效果，并且在第一时间产生流量。流量越大，商业价值也就越高，企业的知名度也就越大。此外，融媒体具备 IP 开发功能，这也是企业家应当关注的。

五、三大赋能

融媒体不仅是一个“媒体平台”，它的功能远远超出我们对它的常规认识。国外有一些企业借助融媒体打造营销服务平台，同样取得了很好的效果。换言之，融媒体还可以给企业赋能。融媒体到底能够给企业赋予怎样的“能量”呢？我想，主要有以下三个方面。

1. 品牌推广

对于一个企业而言，品牌推广是非常重要的一件事。乔布斯是商业界的传奇人物，比尔·盖茨对他的评价是他了解品牌——这是一种非常正面而积极的感觉。对于营销、推广，史蒂夫的天赋与生俱来，这实在令人吃惊。

乔布斯恰恰借助苹果公司的技术和平台，向全世界推广了苹果公司的所有科技产品。融媒体是一个综合性的媒体平台，也是信息发布的平台，企业完全可以借助融媒体去推广自己的品牌。当人们开始关注企业，企业的品牌也就逐渐形成了。

2. 关系维护

有人可能会问：“媒体能够起到关系维护的作用吗？”如果是传统媒体，恐怕很难做到这一点。但是融媒体与传统媒体不同，融媒体是传统媒体与新媒体的结合体，不仅拥有了传统媒体的传播功能，也有新媒体的直播、互访、交流等功能，因此，融媒体具备关系维护的功能。中国北方有一家企业拥有自己的融媒体中心，该融媒体中心开通客户交流服务板块，每天由工作人员与客户进行交流，并对客户关系进行维护，取得了非常好的效果。关系维护的方式多种多样，还有一些企业开通了直播，在直播过程中，工作人员也可以帮助客户解决问题。因此，企业完全可以借助融媒体对客户关系进行维护，它甚至还可能取代传统的关系维护部门。

3. 产品销售

众所周知，许多企业在央视这样的著名电视媒体上打广告，就是为了营销自己的产品。通常广告播放频次越高，知道该商品信息的人也就越多，也就会产生具体的销售成果。融媒体比普通的电视媒体传播范围更广，覆盖面积更大，辐射人群更多，更能直接带动产品销售。现在网上流行的直播带货，就是在媒体平台上进行的一种营销行为。直播平台也属于融媒体的一部分，玩转融媒体，也就能玩转直播带货。另外，一些融媒体涵盖着电商网站，消费者可以直接在电商网站上购买商品。

除三大赋能之外，融媒体的功能还有很多。企业还可以将其他功能添加到融媒体平台中，让融媒体变成一个功能强大的综合平台。

六、其他品牌增值服务

融媒体不仅是一个全媒体平台，还是一套增值服务系统，它可以给企业、组织带来许多无形的收益。在我看来，一家企业不仅需要利益上的增值和品牌上的成长，更加需要一种员工精神上的增值，这更加有利于企业品牌、口碑的形成。这种增值，不仅仅是 IP 的增值，还会产生一种“裂变”效应。

新华社刊发了一篇名为《这个融媒产品，如何吸引超 3000 万网友参与互动》的文章，文章中写道：共同做融媒产品的过程，本身就是团队成员跨界、“破壁”的过程。学计算机的小伙伴，现在深谙新闻传播规律；做了好几年文字编辑的小编，现在抠动图、抓取数据信手拈来，还具有产品经理的思维。技术层面相互学习、相互接近之后，还有学设计的“神队友”，定期分享业界前沿产品、流行玩法和创新理念，开阔大家的眼界，提高大家的审美。

这也传递出融媒体的以下增值内容。

1. 跨界的勇气

融媒本身打破了一种垂直体系，让多种媒体融合到一起，这是一种创新，也是一种跨界。从事传统媒体的，进入新媒体；从事新媒体的，也会编辑传统媒体的内容……这种融合，是一种相互跨界的结果。对于一家企业而言，融媒体带来的不仅仅是IP流量的变化，还有员工的跨界成长。企业需要融媒人，企业需要一群具备跨界勇气的融媒人。GetFit（一款手机应用）创始人任鑫表示：如果把一个人（字）写在那里，然后在它旁边画一个框的话就是囚，其实我们就是自己观念的囚徒，这个界是在哪里？是你画出来的，其实边界全部都来自人们对这个世界的理解。跨界，就是突破瓶颈，打开自己，释放自己。从事融媒体的人，就是做了一件跨界的事情，这种跨界的思想也会影响企业的各个部门，并产生微妙的化学作用。

2. 四种思维

思维是人类所具有的高级认识活动，融媒体给人们带来了四种思维，这四种思维恰恰是企业管理所需要的。央视新闻副主任江和平曾表示：融媒体是多媒体功能、传播手段、组织结构等核心要素的聚合，是信息传输渠道多元化下的新型运作模式。要真正实现深度融合，而不是表象叠加，就需要打破固有的认识和做法，具备四种思维，即全球思维、本土思维、数字思维、商业思维。全球思维是面向全世界的站位和视野。我们不仅要讲好中国故事，也要讲好世界的故事，促进不同文明间的对话与互鉴。本土思维是实现有效国际传播的必由之路，通过适应和利用本土资源，有针对性地进行本土化运营。数字思维是紧扣数字化媒介特征谋划融合发展的理念，时刻拥抱和占有最新的、最有效的、最具影响力的传播渠道和方式。商业思维是以商业逻辑做增值品牌传播的意识，用做企业的方式参与媒体竞争，通过市场化的手段将产品送到千家万户。

3. 借力的智慧

融媒本身就是多种媒体的相互借力，而且是融媒人的相互借力，因此也会产生一种组织力和向心力。融媒人之间的借力，也会给企业内的其他部门带来示范作用。对于一家企业而言，企业内的各个部门也与融媒体中的各个分支媒体类似。生产部门与营销部门相互借力，生产部门与研发部门相互借力，营销部门与研发部门相互借力等，可以共同形成一套商业体系。这套体系是融媒所赋予的。借力，也是融媒体赋能的一种体现。如果企业内部各个部门能够相互借力，企业核心价值就会得到本质上的提升。

融媒体所带来的许多隐性价值，才是企业更加需要的核心价值。因此，现在的企业家更应该重视融媒体的建设，这也是为企业发展创造一个隐性赋能的机会。

第四章　融媒体常见的平台做法

一、融媒体之公众号做法

微信公众号是当今十分常见的互联网平台，许多企业、组织、个人都有自己的微信公众号，而许多微信公众号拥有千万“粉丝”，每一次推送的文章都能达到“10 万 +”的阅读量，不仅带来了巨大的广告效应，也产生了巨大的商业利益。对于一个企业组织而言，学会使用微信公众号非常有必要。那么微信公众号到底怎么做呢？

1. 申请微信公众号

如果是企业想申请运营微信公众号，先由企业相关人员申请一个微信公众号。微信公众号分为订阅号和服务号，两种功能上有所区别，具体区别在申请微信公众号的时候可以进行了解。一般申请公众号时，按照相关步骤填写申请表格，如上传头像、补充其他相关信息等。如果是企业级的公众号，最好选择申请认证。认证的企业级微信公众号更具社会效应，也会提升信任度和口碑。

2. 制作内容

微信公众号可以图文并茂。融媒体工作人员在制作公众号内容的时候，可以提前参考一下知名公众号的排版方案，然后给自己提前规划一套方案。

公众号的文案撰写也有窍门，工作人员可以从网上查找相关攻略。但是无论如何，内容是第一位的。内容撰写完毕之后，工作人员再进行公众号排版，然后“扫描二维码”发送。

3. 推广公众号

其实，最重要的还是推广公众号。以我常年做公众号的经验，我会选择多个平台、社区推广公众号，如微信朋友圈、微信群、企业内部平台等。尽可能地寻找多通道去推广自己的公众号，这样才能起到良好的效果。

除此之外，可以对微信公众号进行二次技术开发，让其功能更加强大，当然这也需要专业技术人员的参与。如今，微信公众号已经是主流的互联网平台，也是融媒体的一部分，企业组织学会运营微信公众号十分有意义。

二、融媒体之视频号做法

视频号是刚刚推出的一个新平台，同样是腾讯公司基于微信所开发的。它有别于公众号，以视频为主。当今时代是一个“眼球”时代，视频内容的传播力度比纯文字内容的传播力度要广泛。视频号的开通也十分简单，即打开微信—发现—视频号，找到视频号的申请入口，然后申请注册。还有两种方法可以申请微信视频号：一种是邮箱申请，另一种是朋友邀请。无论是通过哪种方式申请，拥有了自己的视频号，才能借助视频号平台发送与企业相关的视频内容。

视频号的内容制作可以简单，也可以复杂。对于许多普通视频爱好者而言，用手机随拍随录就可以完成。但是，对于一个企业融媒体平台而言，需要制造更加精良的视频内容才能起到良好的效果。我想，可以从以下几个方面去做。

第一，每天刷视频号，尤其是优质的、高点击的视频号，寻找灵感，然后将这种灵感带到自己的工作中，给自己提供灵感素材。

第二，做视频之前，要做好规划，即回答要做什么，做这个视频的目的是什么，如何去做。做好规划之后，再进行视频拍摄、剪辑、合成，形成最后的视频，并发布在视频号上。

第三，推广自己的视频号。其实，推广自己的视频号和推广自己的公众号的方式如出一辙。许多人发现，自己的视频号关注度不高，便慢慢灰心，不再更新……我想，做任何事情都要坚持不懈、持之以恒，千里之行，始于足下，没有什么事情是一蹴而就的。

为什么选择视频号呢？微信创始人张小龙给出了这样一个答案：可能从来没有一个时代，每天有数亿人花这么多时间，在手机里面浏览各种信息。从前一个人的世界大小，是由他的脚的行走半径来决定的，而现在一个人的世界大小，是由他所获得的信息的宽广度来决定的。虽然头部大号会有极大的浏览量，但是在一个人人皆可创作的年代，我们希望小号也有自己的生存空间。这也是之前公众号忽略了的部分，我们很重视人人都可创造的内容。所以，就像之前在公开课所说的一样，微信的短内容一直是我们要发力的方向。毕竟，表达是每个人天然的需求。当然，每个企业组织也有这样的需求。

三、融媒体之抖音号做法

如果有人问："当下最火的软件是什么？"我想，恐怕大多数人都会回答："抖音和快手！"是的，抖音是当前非常火爆的软件，许多年轻人，甚至中老年人都在刷抖音。抖音视频制作简单，随手拍摄，随手发送。我有一个朋友是美食达人，天天发美食视频，如今拥有超百万名"粉丝"，也算网红一枚。有人问："网红有什么用？"网红最大的特点就是名气大、有流量、"粉丝"多，甚至可以直播带货，随时变现。还有人问："企业会刷抖音吗？"当然会。刷抖音并没有规定必须是一个人还是某个企业。

海门融媒体中心发布了一个名为《有一种群体，叫作志愿者》的抖音短视频，该作品从1700多部参赛作品中脱颖而出，获得优秀作品奖。2020年4月1日，海门融媒体中心还发布了一个名为《海门"六勇士"回家！沿途市民自发鸣笛，致敬英雄》的抖音短视频，弘扬了抗疫一线英雄可歌可泣的精神，并获得了180.9万人次点赞，浏览量突破7300万次，抖音"粉丝"猛增6万人。由此可见，企业融媒体的内容生产工作者，完全可以借助抖音拍摄短视频进行企业宣传。那么，借助抖音短视频进行宣传该怎么做呢?

第一步，手机安装抖音 App。这一步，恐怕绝大多数的人都会。

第二步，选择登录方式。如今，大多数人都会选择手机验证的方式，一方面可以便于找到好友，另一方面省心省力。

第三步，选择合适的音乐。选择音乐是非常重要的一步，尤其是要选择符合情景的音乐，这需要抖音视频拍摄者提高自己的审美。

第四步，按键进行拍摄。通常来讲，拍摄者应该拟定脚本，包括从哪里开始拍，拍多久等，再进行拍摄。只有这样，才能拍出有价值的视频。

第五步，选择封面，添加视频。企业可以选择与自身相关的封面图片，更加有利于推广、宣传。

第六步，发布。可以简单写一点文字介绍，感性一点的、文艺一点的文字介绍，更加吸引观众观看。

制作抖音短视频并不是一件难事，甚至是非常简单的。但是，拍摄短视频之前的准备很重要，脚本的撰写、拍摄场景的布置、背景音乐和封面的选择以及视频介绍的文案，都需要精心准备，才能让抖音短视频更加吸引人。

四、融媒体之快手号做法

前面我们简单介绍了抖音，快手与抖音有相似的地方，另外还有火山小视频等短视频平台，这些 App 风格类似，拍摄手法差不多。之所以单独写一写关于快手的做法，是因为这个App确实十分火爆，甚至与抖音并称为“双子星”。但是也有人说：“与抖音相比，快手里面的内容太过低俗。”我想，这不是平台引导的，是用户的选择。

即便如此，快手也有许多著名的案例，其中营销黑马发布的文章《从新疆到上海，麦当劳椰饮在快手平台完成社交魔法旅行》写道：“‘给我一杯YE，给我一杯YE，任何事情都会变得好一些。’今年夏天，不少人都对这段欢快的旋律印象深刻，跟着轻声哼唱。国民短视频App快手联合麦当劳发起的一次夏日冰饮跨界营销挑战赛，也让这段欢快的旋律更加深入人心。一个小小的椰杯，在快手用户的手里，不仅生成了花样繁多的创意视频，还变成传递快乐的神奇‘魔法’，更见证着短视频时代的创新营销价值。作为今年夏天的爆款冰饮，麦当劳yē yé yě yè 椰饮一经问世，就受到了广大用户的追捧。在炎热的夏天喝一沁爽甘甜的椰杯，让快乐加倍也成为当代年轻人的新时尚。如何让最新上市的椰子味冰饮在夏日来临前与快手用户迅速建立联系？凭借着对平台上乐于记录简单趣味生活的年轻用户的洞察，国民级短视频App快手将椰杯化为青年间夏日里的快乐符号，联合麦当劳上演了一场跨界营销。”

现如今，许多企业品牌都在利用快手平台做广告，做商业推广，其方式方法也很简单。快手视频的制作方式与抖音视频的制作方式如出一辙，在这里不多做介绍了。

有人问：“为什么有人可以做出非常炫酷的、带有特效的短视频？”在这里，我简单说明一下。视频完全可以提前拍摄，然后借助专业视频软件进行加工，将合成的特效视频上传到平台，再进行推送。因此，融媒体平台的内容经理们需要熟练掌握这些软件的使用方法，拍摄水平和制作水平越高，制作的视频内容也就越好。除此之外，就是利用其他渠道推广视频及账号，继而达到目标效果。

五、融媒体之微博号做法

当今时代，是一个几乎人人有微博的时代。许多年轻人用微博记录自己的生活，撰写文章，拍摄视频。微博的“微”，恰恰是“微时代”的一个缩影，新浪微博已经是时下用户群极大、话题讨论集中的场所和平台。微博有一个经典广告词：随时随地发现新鲜事。因此，许多年轻人借助微博，经营自己的圈子。也有许多企业每天在微博上更新着自己的动态，时不时分享一些内部趣事，甚至能够引起社会的高度关注。

对于企业融媒体的运营者而言，选择微博是非常好的一种方式。微博也是一个很好的平台，是新媒体的一种形式，上手快，运营起来比快手、抖音、微信公众号等平台还要简单。小小的微博曾创造了无数经典营销案例，如野兽派花店。野兽派花店开在上海，但它是一家没有实体店的花店。这个花店拥有数十万“粉丝”，甚至连许多著名艺人都在这里订花。有人问：“难道这个花店有什么特别之处吗？”其实，花店的主人最大的特点是会讲故事。一个会讲故事的人，常常能够吸引众多爱听故事的人。正如《从“野兽派”案例看微博运营》中所写：野兽派的成功告诉我们，原来电商有这样的一种经营方式。利用微博的故事传播免费获得大量的潜在客户，而动辄几百上千元的礼盒又保证了毛利。这完全颠覆了传统电商拼价格的悲惨局面。甚至只有一个微博，只要愿意分享故事，什么网站、PHP（超文本预处理器）、服务器、架构，通通是浮云①。

微博到底该如何运营呢？如果用一个词来形容，就是“慢工出细活”。运营微博号，通常需要一个人这样去做：第一，定时更新内容，微博可以随时随地更新。保持一种长期更新的状态，才会有人关注。第二，提供干货信息，即提供对其他人有帮助的信息，适当减少“鸡汤文”的分享数量，现在许多人都开始远离“毒鸡汤”。第三，评论与转发时要真诚，这样能获得一定的“粉丝”关注和阅读。如果我们企业融媒体的运营者能够学会运营、打理微博，就会给企业推广带来帮助。

六、融媒体之头条号做法

字节跳动旗下有许多知名平台，今日头条也是其中一个。许多媒体人都有自己的头条号，在做其他平台的时候，同时在头条号上推广、传播。正如百度百科介绍的那样：打造一个良好的内容生态平台，是头条号发展的重要的方向。基于移动端今日头条海量用户基数，通过强大的智能推荐算法，优质内容将获得更多曝光，而业界领先的消重保护机制，让原创者远离侵权烦恼，专注内容创作，借助头条广告和自营广告，让入驻媒体、自

① 网络用语，比喻不把某事物放在眼里。

媒体的价值变现有更多可能。那么，头条号是如何运营的呢?

头条号的运营推广和打理，与其他几个平台几乎是一样的。运营者能够做好以下几方面，就能做好头条号，甚至还可以变现。

1. 定位

定位于企业，挖掘企业自身，包括企业文化、企业产品中的亮点，然后进行内容的撰写与推广。

2. 机制

今日头条有一个“推荐机制”，融媒体运营者在打理头条号的时候，一定要研究这个机制。借助“推荐机制”，文章内容的曝光率就会得到大幅度提升。

3. 选题

内容选题也很重要，几乎所有的内容选题，都将影响头条号的命运。因此，融媒体的运营者要在选题上多做文章，好选题意味着好传播效果。

4. 互动

通常而言，一个内容创作者需要与读者进行长期互动，了解读者的内心需求，撰写他们喜欢的文章。读者喜欢，才会去转发，继而产生裂变效应。

如果企业融媒体的运营者能够熟练运营头条号，就会帮助企业融媒体快速生长、发展。

七、融媒体之百家号做法

现在，使用百家号的用户越来越多。或许还有一些人对百家号不太了解，与微信公众号、头条号、微博等大众平台相比，百家号还属于“小众”平台。事实上，百家号背靠百度这棵大树。百度是中国最大的搜索引擎公司，拥有数亿名注册用户。百家号都有哪些特色呢？百度百科介绍，百家号拥有一个“创作大脑”，该“创作大脑”基于百度多项AI技术，全流程助力作者更简单便捷地写作热点挖掘，有热点挖掘分析、素材推荐、智能质量检测等功能。覆盖创作前—中—后场景，提供最懂创作者的专业智能辅助。

“创作大脑”可以帮助刚刚进入融媒体行业的人挖掘热点，然后向他们推荐素材。即使运营的是企业的百家号，也离不开社会热点。如果想让自己的文字有“价值”，单纯介绍“企业”是不行的，要结合当下的社会热点。与此同时，撰写文章的人要会讲故事。无论什么时候，讲故事都是有意义的……故事讲得好听，就有人去听。在这里强调一点，故事一定得是原创故事，决不能抄袭，或者模仿。在当今这个“内容为王”的时代，讲得真诚，比讲得动听更有意义。

百家号到底如何去做？前面我们讲了微信公众号、头条号等做法，这一类平台的文章撰写、发布、推广有相似之处。在这里，就不多做介绍了。

百家号也有自己的特点，尤其在“变现”渠道上，除了原有的分润和赞赏，它还提供了其他四种方式，即内容电商、付费专栏、内容营销、付费圈子。虽然企业融媒体做百家号并不是为了变现，但如果可以，为何不让它变现呢？融媒体运营者可以认真研究百家号的变现方式，并以此为切入点提升平台运营的曝光度，想尽一切办法“吸粉”。“粉丝”量越多，关注度也就越高。

PART 2

融媒体的建设与管理

第五章　企业融媒体运营

一、融媒体组织结构设计

融媒体是一个综合性的媒体组织，一个企业需要以部门或组织的形式去设计、架构融媒体中心。胡正荣在《你们融媒体中心的组织架构设计对了吗》文章中表示：从媒体融合良性发展的机构的经验看，融媒体中心有效的组织架构不是按照媒体类型来划分二级机构，即在融媒体中心下设广播中心、电视中心、新媒体中心等，而是直接按照融媒体中心将要开展的项目进行组织重构，即把项目事业部制作为二级机构建制，如融媒体新闻中心、融媒体政务服务中心、融媒体民生服务中心等，不管名称怎么叫，都是按照融媒体中心要覆盖的业务项目来架构。

融媒体的架构方式多种多样，企业组织完全可以按照项目类型去划分、组织融媒体中心。总体来看，融媒体中心通常由三个部门组合而成，即内容生产部门、核心技术部门和团队运营部门。

1. 内容生产部门

顾名思义，该部门就是负责内容的撰写和具体文案的呈现。这些工作通常由一些文案高手和视频高手来完成。每个企业都可能拥有这方面的人才，如某些国企内部设有宣传部门，宣传部门里通常有这方面的人才。要将这一部分高手集合在一起，并对他们进行与融媒体相关的专项培训，从而让他们适应内容生产岗位的工作。内容生产部门是融媒体中心的重要部门，主要负责内容的生产与加工。某国企常年需要品牌策划与产品推广，融媒体中心负责内容生产的员工，就要进行相关文章的撰写和相关视频内容的拍摄与后期制作。内容生产完毕之后，再交给其他部门的团队成员进行推送。

2. 核心技术部门

有人把融媒体中心称为综合媒体技术中心，因此融媒体中心必须要有一个专门解决核心技术问题的部门组织。企业管理者需要从企业内部或者外部找到一群熟悉融媒体技术的人，如传统媒体技术能手和新媒体技术能手。很多企业在技术方面缺乏得力的人才，为此，企业可以寻找融媒体培训团队进行长期培训。这些专业团队会手把手地教给企业管理者如何搭建融媒体中心，如何打造融媒体人才库。值得一提的是，融媒体的核心关键技术并不是非常难学，年轻的高学历人才通常都能学会并熟练运用这些核心技术。有了技术的“加成”，整个融媒体中心的技术平台也就能逐渐形成。

3. 团队运营部门

融媒体中心是由一个团队组成的平台组织。在这个平台里，有的部门负责内容，有的部门负责技术，还有的部门需要负责整体的运营与管理，协调每个部门、每个人的工作。有一位企业融媒体的负责人说："我的工作就是协调、串联所有的工作，包括顾问、教练、辅导、激励等，让整个融媒体中心运转起来。"说到底，团队运营部门就是一个管理部门，没有这样的部门，融媒体中心是无法高效运转的。

三个部门各司其职，互相关联，也就能够形成凝聚力。此外，部门内部要有技术上、岗位上的细分。内容生产部门要根据内容的不同由擅长的工作人员具体负责，擅长制作视频内容的工作人员负责视频内容的生产，擅长编写文字内容的工作人员负责文字内容的生产，擅长处理图片内容的工作人员负责图片内容的生产……核心技术部门也是如此！核心技术部门中有负责传统媒体技术的，有负责新媒体技术的……各项技术分别由不同的人进行负责。团队运营部门对整个融媒体大团队负责，包含了管理和运营两部分，既有运营总监，也有运营专员，以此形成一个完整的架构体系。融媒体中心的架构设计并不难，只要企业管理者认识到融媒体的价值，就会想办法完成融媒体中心的架构设计，具体的部门建设与岗位设计，我将会在后面章节中详细讲述。

二、融媒体运营战略规划

完全设计并打造一个企业融媒体平台，需要组织者的耐心经营和细致规划。融媒体并不是我们认识的传统媒体形式，它非常复杂，也对每个人的要求更高。因此，融媒体运营的战略规划是非常重要的。尤其对于组织者而言，要明确这样的规划。融媒体运营战略的具体规划是怎样的呢？换言之，企业管理者如何组织并运营融媒体中心呢？

1. 坚定政治立场

对于任何一家企业而言，拥有坚定的、正确的政治立场是首要的。坚定的政治立场带来的是正确的舆论导向。坚持正确的政治立场，才能成功树立企业的品牌和形象。另外，企业融媒体平台与其他媒体合作的前提也是如此。

2. 建立主流阵地

融媒体是一个“阵地”，要将这个阵地变成主流阵地，才能发挥最大的效应。许多企业融媒体剑走偏锋，但似乎并没有起到很好的作用。建立主流阵地的意义在于，将人气吸引过来。如何才能借助融媒体的力量建立主流阵地呢？

（1）打造融媒体品牌。

融媒体不仅是平台和阵地，更可以形式一个品牌。要创新媒体，提升融媒体在企业内部的地位，打造融媒体“智库”，定期进行融媒方面的培训，以更新融媒体平台的内容，完善融媒体品牌建设。

（2）充分利用科技。

这是一个科技的时代，利用科学技术打造融媒体是当务之急。与传统媒体相比，融媒体的科技感更加突出，“智能”也是融媒体的重要体现。如今，许多企业借助大数据、云计算、人工智能等技术，打造属于自己的高科技融媒体平台。

（3）站在时代前沿。

这是一个比较难以理解的、抽象的话题。一个企业融媒体是需要与时俱进的，在传播企业文化、推广企业产品的同时，还要挖掘时代中的“好故事”，将这些“故事”与企业特质进行结合，撰写属于企业的时代故事，并且将这些故事传播出去。有人说：“一个不会讲故事的公司不会成为优秀的公司。”企业讲述属于自己的时代故事，也能建立主流阵地。

（4）打造先锋队伍。

具体到团队建设方面，我将会在后面章节中详细讲解。在这里简单一述，主要指把打造先锋队伍的环节纳入融媒体的运营战略规划。一支优秀的先锋队伍是朝气十足、敢打敢拼的，更是懂得创新、肩负企业发展使命的年轻人组成的。

3. 提升传播能力

提升传播能力，需要企业做到许多方面。正如山东临朐县在《2020年县融媒体中心工作计划》中所写：一是完成融媒体中心平台建设。在2019年年底初步建成县级融媒体中心技术平台的基础上，加大投入力度，完成县级融媒体中心建设，实现媒体迭代发展。二是创新管理体制。创新选人用人机制和考核评价体系，推动建立市场化人事、薪酬分配制度，打通人才使用通道，把好的人才，特别是运营人才沉到市场中去，靠市场留住人才。三是坚持移动优先。充分发挥县域主流媒体专业采编优势、信息资源优势，整合现有新媒体资源，推广应用“云上临朐”手机客户端，创新移动新闻产品，打造县域移动平台，使传统媒体迅速转型为新型主流媒体。四是创新宣传方式。聚焦传统媒体的转型发展，通过文字、图片、音频、视频、H5（超文本5.0）、VR（虚拟现实）、微信直播等多种形式的融媒体手段，推出群众喜闻乐见的品牌栏目，提升传播力、影响力。这套方案，也可以运用到企业融媒体的传播能力提升上。

如果我们的企业融媒体能够做好坚定政治立场、建立主流阵地和提升传播能力三个方面的建设与规划，就能打造好属于自己的融媒体平台，提升企业的知名度。

三、融媒体岗位运营模型

岗位运营模型是人力资源范畴内的名词，每一个企业、组织都需要相关角色去进行执行、运营，融媒体也是如此。融媒体中心是一个组织，它由许多部门组成，还有不同的岗位角色参与。无论是企业岗位的运营管理，还是融媒体平台的搭建，都离不开岗位运营模型。那么岗位运营模型都包括哪些基本要素呢？

1. 知识

知识是重要的，每一名岗位员工都要掌握最新的知识，要不断提升自己的知识水平。除此之外，不同岗位的员工要掌握相应的岗位专业知识，即拥有岗位专长，以此确保自己的胜任能力和竞争力。

2. 技能

知识并不等于技能，但是知识可以转化为技能，技能可以促进知识的积累。知识、技能是可以相互转化的。如果一个企业没有现成的融媒人，可以借助外力进行专业技能培训。如今专业的培训机构有很多，选准优秀的、专业的培训机构是非常重要的一步。一方面，专业机构可以在企业内部组织专业培训；另一方面，专业机构能帮助企业找到更加优秀的人才。

3. 社会角色

这涉及如何选人、用人的问题。每个人都有自己的社会角色认知，有人想要做管理者，有人想要做媒体人，还有一些人与世无争、低调做事……融媒体平台的组织者、建设者需要从众多人员中找到社会角色认知明确、希望自己能够从事融媒体事业的人。只有这样的人，才能做出成绩。因此，找到这些员工，比盲目组建融媒体平台有意义。企业即人的道理，一直在传唱，企业找人、用人的方向一直没有变，在融媒体方面也是如此。

4. 自我认知

还有一个非常重要的话题，就是一个人对自己的认识和判断，即自我认知。如果一个人能够为自己定位，有清晰的自我认知，也就能够给出一个清晰的人生规划。之所以讲到这一点，是因为这与融媒体选人、用人非常有关系。融媒体平台的组织者除了要给予团队正确引导和提示，还要从众人中找到那些能够清醒认识自己、给自己正确定位的人。无论是融媒体选人，还是企业构建用人模型，这一点都是异常重要的。

5. 行为方式

每个人都有自己的行为方式，正如世界上没有相同的两枚鸡蛋，也没有相同的两只鸡。有的人安静，不喜欢抛头露面，喜欢幕后工作；有的人外向，擅长沟通，在运营管理方面有自己的一技之长；有的人喜欢设计，有着天马行空的想象力；还有的人有好的文笔，喜欢用文字表达自己的思想和心情……因此，融媒体平台组织者与管理者要把最合适的人安排到最合适的部门，以此发挥他们巨大的能力。毕竟，行为方式决定行为结果。

6. 工作动机

每个人都有自己的追求，有人脚踏实地，希望做好眼前的工作；有人希望通过工作获得个人荣誉；还有一些人野心勃勃，志不在此。虽然融媒体平台的管理者不是心理专家，但是也能够透过平日的工作表现发现端倪。如果融媒体平台需要一些更有责任感、创造力、事业心和集体荣誉的年轻人，可以有计划、有方向地进行层层选拔，从而找到这些人。

以上六点就是构建融媒体岗位运营模型的基本要素，也是其核心关键。构建岗位运营模型还有一些关键步骤，具体情况如下。

第一步，建立绩效标准。任何一个运营平台都要有自己的考核标准，并且要与绩效挂钩，以此提升员工的工作积极性。或许 KPI（关键绩效指标法）不适用融媒体平台，但是绩效考核的标准一定要有，奖罚制度也要有。

第二步，建立岗位胜任模型。岗位胜任模型是在岗位、编制形成之后逐渐形成的。管理者需要追踪员工的工作行为和工作绩效，以此判断该员工是否胜任自己岗位的工作。

第三步，验证岗位胜任模型。建立岗位胜任模型后，就要对其结果进行验证，否则是没有意义的。

企业融媒体人力资源的打造与融媒体岗位运营模型的建造区别不大，每个企业都有自己的优势，都有一套管理人、使用人的方法，有些方法可以保留和延续，其他优秀的方法可以借鉴。

四、融媒体岗位工作安排

将适合的人安排到适合的岗位上，是一门学问。不管是因人设岗，还是因岗定人，其实核心思想都是一致的。融媒体平台有许多岗位，许多不同的人就需要出现在这些不同的岗位上。

1. 运营岗位

需要安排合适的运营管理人才出现在这样的岗位上。运营岗位通常有以下工作职责。

第一，策划企业内的活动，然后将活动主题进行分类，并将相关活动安排发到融媒体平台上。

第二，提出企业月度、季度推广方案，提高点击率、浏览量和关注度，以及品牌推广力度。

第三，针对融媒体各个渠道的推广效果进行跟踪、评估，并且提出运营改进方案。

第四，找到性价比高、有效的媒体推广方式，让更多媒体加入融媒体平台，并且分析融媒体推广流量等数据，确定融媒体推广的有效性。

第五，做好沟通服务工作，与美工、文案、客服等岗位的人员及时沟通，并及时根据相关信息传达需要其配合的必要工作。

第六，发展联盟伙伴，或者与其他媒体工作室、网络平台进行合作，扩大融媒体平台的市场圈子。

第七，用强大的执行力和凝聚力确保融媒体运营畅通无阻。

在一个企业中，寻找这样的人才或许并不难。如果企业内缺少或没有这样的人才，就需要从社会中招募、聘任。

2. 技术岗位

前面我们对此有所提及，技术岗位就是融媒体相关的技术人员所在的岗位，技术是融媒体的核心，能够进行融媒体技术开发的人，才能胜任这样的岗位，技术岗位要求如下。

第一，致力于融媒体技术的开发、平台维护等工作，给其他工作人员提供保姆式的技术服务。

第二，为企业融媒体平台提供媒体技术方案，以及现场实施控制管理的系统或具体产品，如互动投影、多通道投影融合、多点触摸、幻影成像、全息互动、大屏显示、AR（增强现实）等。

第三，收集市场中的新媒体技术，将新媒体技术加入融媒体平台中，并且向运营管理人员提供新技术建议，对新技术进行内测、改造，让其在融媒体平台上发挥作用。

第四，根据其他岗位的要求，提供相应的技术方面的方案。

融媒体技术的开发并不是一件容易的事。有人说："专业人做专业事！"企业想要成功打造融媒体平台，就需要在融媒体技术上做文章，聘任有融媒体技术经验的人才，让其在能够胜任的岗位上发挥作用。

3. 生产岗位

具体内容的撰写，文字、图片、视频方案的策划，媒体方案的设计，以及直播、主持等，都属于融媒体生产岗位的工作。生产岗位也是企业融媒体极重要的岗位，因此也需要专业人员从事专业事情。

对融媒体记者的要求是，能够熟练掌握摄影技术，有较强的文字写作能力、语言表达能力和沟通协调能力。融媒体记者需经常外出采访，还要有吃苦耐劳的精神。

对文字采编人员的要求是，熟悉融媒体平台的宣传业务，有较强的文字驾驭能力，能够独立完成融媒体专题项目的脚本写作和其他专题项目的文字编辑工作，能够熟练进行文字采编工作。

对新媒体人员的要求是，有微博、微信、头条等新媒体活动的策划能力，具有扎实的文字功底和摄影技术，并且擅长使用PS（图像处理软件）或AI（矢量图形处理工具），能够熟练制作H5、长图；对热点事件、新闻动态等信息敏感度高，能够将企业品牌宣传与新闻热点相结合。

对融媒体主持人的要求是，最好是播音主持专业，形象气质好，普通话标准，有着专业理论知识，表达功底好，沟通能力强，综合素质高，亲和力强，某种程度上能向外界展示企业形象。

除了这些岗位，还有其他融媒体生产岗位，由于内容篇幅的限制，这里不一一赘述。

总之，企业在融媒体工作岗位的具体安排方面一定要坚持“专业人做专业事”的原则，只有这样，才能把岗位工作安排妥当，才能让喜欢这些岗位的人才发挥自己的本事。人尽其才，是融媒体运营的关键。

五、融媒体工作团队搭建

中国电建拥有自己的融媒体平台，在平台的一篇名为《推动“融媒体”建设，发挥团队力量》的文章中，作者张晓秋表示：新闻宣传工作进入融媒体时代，微信公众号运营、音视频作品策划制作等全媒体工作，需要一支新闻宣传团队集体运作……如何有效发挥团队的创作力量？这是市政公司新闻宣传工作下一步的工作重点。首先要正确理解“怎么样靠大家、靠集体把宣传工作做好”，是靠大家的支持、靠集体的团结把工作做好，接受采访、配合策划都是对新闻宣传工作的支持；还要通过激发团队积极性，充分发挥每位员工的能力优势，做优做强新闻宣传策划、写作、视频拍摄制作等全媒体工作。本次新闻宣传会议让与会人员对“团队的力量”有了一个新的认识。

搭建团队是融媒体平台形成“作用力”的最关键一步。有些企业有人才、有技术，但是一直没有出色的成绩，原因有很多。这些企业最大的问题恐怕出现在队伍上。一支能打硬仗的队伍，才是企业融媒体需要的队伍。搭建融媒体团队，有以下几点要求。

1. 融媒体团队有“融合”思想

融媒的“融”，是一种融合，融合也是一种相互用力、借力、发力的状态；融，体现了一种“共享”精神；融，还代表跨界、整合，能将所有的东西整合在一起，一起产生化学作用。因此，打造融媒体团队，就需要将

“融”的思想体现出来，以“融”的思想去建设团队。我还记得某大型企业建设融媒体团队，首先拿出半个月的时间，对团队中的成员进行“思想培训”，让所有人知道什么是融媒体，什么是“融”的思维。在一个团队里，大家要有统一的思想观念，甚至三观也要一致。

2. 融媒体团队会用人

职场中，“一个萝卜一个坑”，每个人都有自己的岗位，每个人都要胜任自己的岗位角色。如果，一个团队中总有几个人掉链子，就会影响整个团队的建设与发展。因此，融媒体团队也需要一些制度和奖罚激励手段，让每个人都能活跃起来，让每个人都能发挥自己的能力。在这里特别强调，融媒体的管理者和运营者要常常与其他岗位上的员工保持良好的沟通关系，激励他们，让他们保持良好的工作状态，时刻都可以奔赴工作“战场”。

制度是管人的，也能够规范人的行为，帮助人成长。一些管理学家提倡一种“无为而治”的管理方法，这太过抽象。没有良好用人制度的企业，多半会夭折。那些长寿的企业，多半拥有良好的用人制度。良好的用人制度主要体现在四个方面：选拔人才，善用人才，培养人才，留住人才。换言之，良好的用人制度就是打造“人才智库”，源源不断地给企业融媒体平台输送人才，从而形成一个稳定的队伍。

3. 融媒体团队有强大的凝聚力

凝聚力是如何产生的？百度百科是这样解释的：在社会群体中，由具有共同的目标、需要、动机的人们形成的团结合作的社会心理力量。可以产生相互激励、提高行为效率的能量放大效应，和相互保护、排斥外界压力的自卫效应。形成条件主要是群体目标明确、为成员所认同，人们的需要、动机、情感得到充分的相互理解和支持；由杰出人物形成中坚力量，起到调节、沟通人际关系和决策、组织、领导的作用。有凝聚力的团队，才是高效团队，才能做大事。

4. 融媒体团队能解决常见的四大问题

许多团队都隐藏着四大问题，这也包括融媒体团队，如果问题不解决，团队工作可能就难以进行。这四大问题是不能、不明、不愿、不忠。不能，就是不能解决问题，“不能”的团队无法肩负企业发展的使命；不明，就是奖罚不明，含糊其词，这样的奖罚容易令团队成员寒心；不愿，就是不愿意承担使命，不愿付出，只有解决“不愿”这个问题，才能提升团队的执行力；不忠，可能有许多体现，如不忠于企业、不忠于岗位等，解决“不忠”的问题，也是解决融媒体团队的核心问题。

如果我们的企业管理者在搭建融媒体团队的过程中，能使团队达到以上四点要求，融媒体团队将会战斗力强、执行力强。

六、融媒体岗位运营关键内容

岗位运营是运营融媒体平台的关键所在，只有激活所有的岗位，让所有的员工“运转”起来，才能激活融媒体平台，让融媒体发挥强大的作用。一方面，融媒体管理者要懂得管理，懂得如何用人；另一方面，融媒体管理者要激励每个岗位上的员工，让每个人都有得到“精神激励”与“物质激励”的机会。管理、用人与激励，是企业管理与岗位运营的“老三样”，对于经验丰富的企业管理者而言，恐怕不在话下。融媒体岗位运营，还有一些其他方面的关键内容，具体如下。

1. 执行力

执行力是融媒体运营的核心，没有执行力的融媒体平台，恐怕无法长久运营。华为是中国极为知名的科技企业，任正非也是久负盛名的企业家，他总是强调“执行力”三个字。

任正非是一位“管理暴君”，脾气很大。但是任正非的队伍就像军队一样，每个人都有高效的执行力。当然，企业管理者并不能一味模仿任正非的方式去处理“管理—执行”的关系，而是要想办法把每个人的工作积极性调动起来，让大家感受到，融媒体对企业的重要性，让他们有一种使命感。如果执行到位，就能让融媒体平台顺利运转起来。效率越高，融媒体的整体运营成本也就越低。现在，几乎所有的企业都在谈高效执行力，融媒体平台也是如此。

2. 目标

没有目标的运营是难以进行的，即使是一个团队、一个人，也要有目标。融媒体平台也是如此，融媒体平台要做一个整体规划，既要有长远的目标，也要有短期的目标。除整体目标之外，每一个岗位、每一名员工也要有目标。管理者可以将目标与绩效相结合，考核的同时，激励员工。

除此之外，管理者还要拆分目标，把大目标拆分成小目标，然后进行思考，挖掘出目标背后的更多管理、运营细节，和需要改进的地方。目标拆分的具体方法，在此不再赘述。管理大师德鲁克曾经表述过目标管理的基本思想，他说："企业的任务必须转化为目标，企业管理人员必须通过这些目标对下级进行领导并以此来保证企业总目标的实现；目标管理是一种程序，使一个组织中的上下各级管理人员会同起来制订共同的目标，确定彼此的成果责任，并以此项责任来作为指导业务和衡量各自贡献的准则；每个企业管理人员或工人的分目标就是企业总目标对他的要求，同时也是这个企业管理人员或工人对企业总目标的贡献；管理人员和工人靠目标来管理，以所要达到的目标为依据，进行自我管理、自我控制，而不是由他的上级来指挥和控制；企业管理人员对下级进行考核和奖惩也是依据这些分目标。"这段话，同样适用于融媒体平台的目标管理与目标拆分。

3. 挖掘

有人问："挖掘什么呢？"对于一个融媒体平台而言，基于岗位管理的需求，可挖掘的"点"实在太多了，如挖掘融媒体新技术，挖掘新媒体

（符合融媒体需求的）和新平台，挖掘融媒体平台中的每个人的能力，挖掘融媒体受众的需求，挖掘与企业相关的文化故事，挖掘更加新颖的呈现方式……这些内容，都与融媒体运营有关。

除此之外，融媒体的管理岗位、生产岗位、技术岗位对每个人的要求都不同，可以通过拟定并撰写岗位说明书和员工手册来提醒每一名相关岗位员工，让他们知道自己需要怎么做，不能怎么做。这样，融媒体就能运营起来，并且激活每一个岗位、每一个人。

第六章 融媒体团队人员分工之运营总监

一、以运营思维为基本前提

融媒体团队包含了三大团队，即运营团队、技术团队和内容团队。三大团队中，最重要的团队是运营团队。融媒体运营是核心关键，企业找到运营融媒体的人才，是打造融媒体的必要一步。因此，对于一个企业而言，想要构建、运营融媒体，就需要一名运营总监。

运营总监需要掌握哪些相关知识与能力呢？在我看来，他首先需要具备一种运营思维。换言之，只有拥有运营思维的人才能运营整个融媒体项目。什么是运营思维呢？

运营看似是一个“过程”，其实是一种“结果”。这个“结果”是什么呢？就是从 0 到 1。运营思维是一种解决“未知”的思维，当一个人面临一个全新的、未知的东西时，他可以想出许多办法去应对。或许有人问：“万一这些办法是失效的呢？”其实，没有任何一种“万无一失”的正确的办法，人们都是在不断试错中解决困难。运营思维是一种“复合型”的思维，它具体包含以下内容。

1. 第一性原理

第一性原理是一种科学的基本原理，就是从最基础的原理或假设出发，然后推出一个可以合理解释的科学公式。第一性原理将会带来一种逻辑思维能力，这种能力是人们判断事物（环境）的基本能力。如果一个人没有逻辑思维能力，也就无法做好很多事情。虽然，人人都可以有逻辑思维能力，但是掌握第一性原理的人拥有更加强大的逻辑思维能力，甚至在演绎推理过程中，可以打造出一套系统。融媒体需要系统，能够创造这套系统的人，就是融媒体团队最需要的人。

2. 流程思维

有人说："'流程'是一种制式的东西，当它启动之后，就会产生并导致一种结果。"如今，许多企业都在借用流程进行企业管理和运营。当然，针对流程也存在一定的争议，有人曾经怀疑："如果流程是错误的，是不是会酿成重大事故？"这就需要流程设计师在打造流程的时候，提前想到各种可能性，并且解决存在的隐患。掌握流程思维的人，也是一个企业融媒体团队的宝贵财富。按照流程思维去运营，还会解决人员众多难以控制的问题，提高执行效率。

3. 收益思维

有人问："难道一个企业打造融媒体仅仅只是为了宣传？"如果仅仅为

了企业宣传，我想，打造融媒体完全是“浪费”。前面我详细讲述了融媒体的作用，它功能强大，能给企业创造各种各样的收益。对于融媒体的运营者而言，他需要拥有收益思维，挖掘融媒体平台存在的各种潜在收益，让融媒体运营收益最大化。如果融媒体团队的运营总监不具备这样的能力，恐怕也就无法运营好整个融媒体平台。

4. 模型思维

许多企业管理者都会提到“模型”二字，甚至每个企业都有自己独到的“运营模型”。一个融媒体的运营者也要具备一种打造管理运营模型的能力，或者拥有这种模型思维。模型的作用就是模拟，在运营之前，借助模型就能找出各种各样的风险。还有一种人力资源模型，建立这种模型的目的是准确找到融媒体需要的人才。模型思维也是一种运营思维，是运营总监需要掌握的一种思维，能为融媒体建造有用的模型。

5. 系统思维

什么是系统思维呢？百度百科是这样解释系统思维的：“系统思维就是人们运用系统观点，把对象的互相联系的各个方面及其结构和功能进行系统认识的一种思维方法。整体性原则是系统思维方式的核心。这一原则要求人们无论干什么事都立足整体，从整体与部分、整体与环境的相互作用过程来认识和把握整体。”这种思维是一种处理各种事情的思维。在融媒体运营过程中，也会出现各种问题，只有掌握了系统思维，才能对大局做出判断，才能运筹帷幄。系统思维是一种高级运营思维，也是需要融媒体运营总监掌握的思维。

以上内容构成了运营思维，掌握了运营思维，融媒体运营总监就能带好队伍，把整个融媒体项目安全、高效地运营下去。

二、账户管理和用户分析

融媒体运营总监，除了要掌握运营思维之外，还要拥有许多能力和相关素养。其中，账户管理和用户分析能力就是他需要拥有的能力。

1. 账户管理能力

什么是账户管理呢？简单说，它就是对融媒体系统内的各个账户进行管理。有人问："账户管理不是一件非常简单的事情吗？只要记住自己的账户名和密码，不就完成了账户管理的工作吗？"其实，事情没那么简单，账户管理需要一套程序，甚至还需要建立相关制度。

融媒体平台是一个多账户平台，融媒体运营总监不仅仅要管理自己的账户，他还要同时管理许多其他相关的账户。在我看来，融媒体运营总监在账户管理方面要做到以下几点。

（1）管理每一个账户。

融媒体平台有许多账户，每一个账户都需要运营管理者了如指掌。如果无法掌握所有的账户，就有可能造成严重的运营事故。管理每一个账户也是融媒体运营总监的首要工作。

（2）对每个账户进行授权。

这些账户并不是都随便由融媒体平台上的所有工作人员使用，这些账户必须由融媒体运营总监进行分配和授权，如负责抖音内容的工作人员经授权得到抖音账户的使用权限，负责微信公众号内容的工作人员经授权得到微信公众号账户的使用权限等，以此类推。

（3）对每个账户的运行进行监控。

融媒体运营与管理与企业组织的运营与管理大同小异，想要进一步防范各种操作风险和运营风险，融媒体运营总监必须对每个账户的运行进行监控。

（4）给得到授权的账户使用者发送信息。

许多企业、组织都有自己的“账户管理系统”，融媒体运营总监拥有账户的管理权和与之相关的信息发送权限。当岗位成员接收到融媒体运营总监发送的信息命令时，可以直接登录账户进行相关工作任务的操作。换言之，账户管理与运营也涉及命令的下发与任务的布置。

（5）后台菜单管理。

账户系统也是一套后台操作系统。如果企业融媒体没有这样的系统，恐怕还需要融媒体运营总监牵头，由技术人员或者相关团队进行账户系统的开发，以此帮助融媒体运营总监完成后台菜单管理。

（6）制定账户管理制度。

有时候，人为的管理不如形成制度、借助制度去管理。融媒体运营总监还需要制定账户管理制度，以制度去管理、约束人的行为。

2. 用户分析能力

有许多人问："用户分析这样的工作，难道不是由用户分析员直接完成的吗？难道融媒体运营总监也需要做用户分析这样的具体工作？会不会消耗太多精力？"

对于一名融媒体运营总监而言，掌握用户分析能力是基本的要求。用户分析能力并不是一种简单的能力，而是一种综合能力。用户分析能力由三种能力组成，即用户价值分析能力、用户属性分析能力、用户喜好分析能力。

（1）用户价值分析能力。

融媒体平台是一个各用户参与的平台，其抖音、微信公众号等的运营，都靠各用户的参与才能完成。每一个用户，都可能创造价值，如用户转发融媒体平台作品，发表评论……融媒体运营总监必须找出用户价值，分析用户价值，才能挖掘用户价值，让用户参与融媒体，提升融媒体的关注度和价值。

（2）用户属性分析能力。

每个用户都有自己的属性，用户属性又包含两个方面：群体属性和个体属性。无论是群体属性还是个体属性，都是用户身上的符号和标志。只有准确分析出用户的群体属性和个体属性，才能向用户进行精准投放，将流量转化为利润。

（3）用户喜好分析能力。

每个用户都是个性不同且鲜活的个人，每个用户都有自己的喜好。融媒体运营总监需要分析出用户的喜好，将这种喜好进行分类归类，再根据用户的喜好开发融媒体项目。

账户管理与用户分析是两项关乎融媒体建设的重要工作，也是融媒体运营总监需要掌握的能力。融媒体运营与管理是一门科学、规范、严谨的管理学课程。融媒体运营总监需要达到一定的要求，才有可能肩负起整个融媒体的管理运营工作。

三、数据分析和团队管理

融媒体运营总监是企业融媒体的运营官，也是管理者，甚至是设计师和“大脑”。在融媒体团队中，或许他还要担任教官、保姆、指导员、沟通者等角色。考量一名融媒体运营总监的整体水平，除了看他的账户管理和用户分析能力，或许还要看他是否掌握一些其他能力，如数据分析能力和团队管理能力。

1. 数据分析能力

对于融媒体运营总监而言，能够分析平台运营管理中的各项数据，或许就能找到运营管理的规律，为融媒体运营提供经验和方法。许多人一看到“数据分析”，马上就会联想到各种数据分析工具。难道数据分析是只借助“工具”就能做好的吗？当然不是。还有人问：“如今，人们可以借助电脑完成数据分析，还需要人脑参与数据分析吗？”我想，电脑永远代替不了人脑，而数据分析也绝非借助数据分析工具即可完成那么简单。数据分析能力到底是什么？数据分析需要一名融媒体运营总监提供哪些辅助呢？

数据分析是理性逻辑的，但也是感性的。当理性逻辑无法起到作用的时候，人的某种“感知”和“预判”就会发挥作用。数据分析能力还包含了三种能力，即逻辑分析能力、感知能力、收集数据与验证数据的能力。

（1）逻辑分析能力。

可以说，人人都有逻辑分析能力，但是逻辑分析能力因人而异，有的人强一些，有的人弱一些……融媒体运营总监需要拥有超强的逻辑分析能力，尤其在某个“事件”发生之后，可以运用逻辑分析能力提出假设，然后进行科学推理，从而得出正确结论。

（2）感知能力。

感知能力是一种感性处理问题的能力，这种能力甚至是先天的。对于一名融媒体运营总监而言，他需要拥有超出他人的感知能力，感受问题，对问题进行归类排序，然后挖掘出“痛点”，找到解决问题的方案。

（3）收集数据与验证数据的能力。

收集数据与验证数据，互为“上下两节”关系，只有收集到相关数据，才能对数据进行科学验证。融媒体运营总监首先得是一名高效的数据收集员，能收集到重要数据和关键数据，然后对这些数据进行分析，找到解决问题的途径和方案。

2. 团队管理能力

团队管理能力是融媒体运营总监必须要具备的，如果不懂团队管理，又如何能运营企业融媒体呢？在我看来，团队管理能力是一名融媒体运营总监应该拥有的核心关键能力。

有人说：“管理是一门‘玄学’。”是的，管理是非常抽象的，甚至无法量化，用数据去评价一名企业管理者的管理能力是不科学的。有一段经典的管理名言，“团队精神要从经理人自身做起，经理人要带头遵守企业规定，让技术及素质较高的员工指导相对较弱的员工，互利共生，互惠成长，不断地培养员工的团队意识和集体观念”讲出了团队管理能力的秘密。

第一，融媒体运营总监需要拥有团队意识，拥有团队意识的人，才能团结团队中的每一名成员，让每一名成员变得更加优秀。

第二，融媒体运营总监要具备指导能力，当团队中的成员尚未完成使命的时候，融媒体运营总监能够对其进行正确指导，让团队成员完成使命，提升自己的工作经验和工作能力。

第三，融媒体运营总监要能够启发团队中的成员，尤其在融媒体需要创新和破局的时候，这种启发具备一种关键作用，甚至具备一种催化作用。

第四，融媒体运营总监需要培养团队成员的团队精神和集体意识，让团队凝聚在一起，而不是让团队变成一团散沙。

第五，融媒体运营总监要积极与团队中的每一名成员沟通，管理运营的核心就是沟通。

总之，融媒体运营总监只有拥有并掌握数据分析能力和团队管理能力，以及我们所讲述的其他能力，才有可能成长为一名优秀的融媒体平台的管理运营者。

四、运营总监的岗位职责与能力要求

前面，我们已经说明，融媒体运营总监是一个非常重要的角色，他不仅是一个统领全局的管理者和领导者，还是具体项目的策划者和相关计划战略的布置人。与此同时，融媒体运营总监需要在沟通、协调、辅助、复盘等多个方面发挥自己的作用。融媒体运营总监具体的岗位职责与能力要求是什么呢？了解这些内容，企业组织就可以寻找并聘任相关能力达标者，让其在自己的融媒体中心管理运营岗位。

1. 运营总监的岗位职责

所谓岗位职责，就是做好岗位上的相关工作职责，完成领导交代的任务目标。运营总监是融媒体的大管家，是融媒体团队的搭建人和统领者，也是具体任务的“实施者”，并且要承担队伍建设、技术攻坚、内容输出等重要工作，因此，融媒体总监的岗位职责具体如下。

（1）定位选题。

如果用一句话概括，定位选题就是确定企业融媒体运营规划，明确定位目标、发展战略并落实。融媒体的运营活动关键，即选题策划。运营总监应熟练开展选题策划工作，或者根据企业要求定位选题。这项工作是一项基本工作。

（2）资源整合。

融媒是媒体融合，融合本身就有整合的意思。融媒体运营总监在资源整合方面的具体职责如下：管理团队成员，协调各方资源，确保团队高效运行；负责管理跟进媒体资源，维护媒体资源，负责媒体渠道并进行折扣谈判，对大客户销售方向提供服务。

（3）复盘提升。

在本书中，我多次讲到复盘。复盘是围棋术语，指对局完毕后，复演该盘棋的记录，以检查对局中招法的优劣与得失关键。总的来说，复盘可以总结经验、萃取经验和先进工作方法。对于融媒体运营总监而言，他必须定期对融媒体日常运营与管理工作进行阶段性复盘，总结经验，纠正问题，提升水平，制订更好的工作计划，并形成改进报告，定期向企业总部汇报工作。

2. 运营总监的能力要求

在前面已经介绍了一些运营总监需要的工作能力以及相关要求。但是，当今时代是一个需要“全能力”人才的时代。除前面介绍的相关能力之外，融媒体运营总监还要具备其他相关能力。

（1）战略定位和规划落地能力。

有人说：“战略并不难在制定，难在执行！”确实如此，许多管理者有很多好的想法，并且能把想法转化成战略，但是有些战略无法实施。管理者的首要任务就是结合企业实际情况制定可以实施的战略。只有这样的战略，才能付诸实践。因此，融媒体运营总监需要具备战略定位和规划落地能力，定位战略，设计方案，让战略落地。

（2）协商能力和商务拓展能力。

团队管理工作，决不能100%依靠指令和命令，也不能完全借助岗位制度……许多管理工作的核心是协商、协商、再协商，就像著名的企业管理理论“管理就是沟通、沟通、再沟通”。除此之外，运营总监还要具备一种商务拓展的能力，不断帮助企业融媒体拓展业务，扩大合作范围，将更多有价值的、有利于融媒体平台发展的内容融合进来。只有这样，融媒体平台才会越做越大，越来越有影响力。

融媒体管理与运营不仅是一项重要的工作，还是一项需要管理者尽心尽力的工作。如果企业的融媒体总监者具备了相关能力，能够按章办事，能够克服管理中出现的各种困难，团结队伍，就能把融媒体的运营与管理工作做好。

第七章　融媒体团队人员分工之编导策划

一、内容策划的选题技巧

整个融媒体团队运营过程，离不开内容策划和内容选题。一个优秀的选题，就能带来足够大的吸引力，一个优秀的项目策划也是如此。许多从事融媒体编导策划的年轻人遭遇流量下滑的时候，就会心灰意懒，他们会问自己：“难道是我的内容策划不够好吗？”立意不新颖、选题不够精巧，就会影响项目专题的流量。

内容策划需要技巧吗？当然需要。江小白的内容文案之所以吸引人，主要是因为以下三个方面。第一，落地，贴合时代背景；第二，文案新颖；第三，有江湖气。优秀的内容会吸引更多人的关注……在我看来，在内容策划，尤其是选题方面，融媒体团队人员应该关注以下几点。

1. 热点话题

什么是热点话题？它是当前社会讨论的热点，热点话题通常是人们最关心的事情。疫情期间，人们最关心疫情，天天讨论疫情。许多媒体制作的关于“防疫”的节目，都获得了高点击量。如果企业融媒体团队能够抓住热点话题，围绕着社会热点打造精品栏目，或许就能突出重围。

2. 争议话题

什么是争议话题？所谓争议话题，就是存在争议，或者有讨论价值的话题，这一类话题可能也是当前的热点话题。当热点话题与争议话题相结合，就能碰撞出更加强烈的火花。许多融媒体策划人经常围绕着争议话题打造栏目，这些栏目不仅吸引人，而且能引发社会讨论和社会关注，进一步提升流量，甚至打造出话题 IP。但是需要提醒的是，选取的存在争议的话题绝不能是敏感话题，也不能是无底线的失德话题，一定是时代背景下的主流话题。

3. 深度话题

什么是深度话题？所谓深度话题，就是有一定思想深度的话题，这样的话题非常能够引发人们的思考。围绕深度话题进行内容策划，需要内容策划者拥有一定的思想深度，能够将深度话题的精髓挖掘出来。许多融媒人虽然围绕深度话题进行讨论，却往往流于形式，并没有挖掘出真正的要点。这就需要融媒体团队的工作人员在开展该话题内容讨论的时候，提前做足功课，不要流于形式，而是进行真正的深度讨论。

4. 吐槽话题

有一个娱乐节目叫《吐槽大会》，播出后引发社会关注。“吐槽”是一个非常有趣的词汇，吐槽是一种幽默，但绝非发牢骚。许多年轻人爱吐槽，吐槽也是年轻人宣泄情绪的一种方式。如果融媒体团队工作人员能够挖掘出可吐槽的话题，也会引发社会关注。人们已经生活在一个包容万象、可以吐槽的社会里。如果融媒体团队工作人员在策划时，能够挖掘出人们的吐槽需求，在坚持正确舆论导向的情况下，这种吐槽也会产生巨大的流量和关注度，并产生裂变。

除此之外，许多人经常能够看到单篇阅读量“10 万 +”的公众号爆文，这些文章是如何策划出来的呢？虽然公众号爆文的出现有一定的运气成分，但是在策划、撰写公众号文章的时候，尤其在选题策划方面，存在一定的技巧。在我看来，选题技巧主要体现在三个方面。

（1）满足猎奇需求。

许多人都有猎奇心理，比如美国大选绯闻，一度引发社会热议，许多媒体人抓住人们关注美国大选绯闻的猎奇需求，以此为选题，策划文章，并撰写了大量高流量文章。

（2）贴近用户。

无论如何，任何选题都要贴近用户，那些远离用户的选题，都会被用户所抛弃。企业融媒体团队在策划选题内容的时候，也要去了解用户，多进行一下用户调查，了解一下用户喜欢什么、想要什么。

（3）精准选取社群。

选取社群是为了定位。每一个企业都有自己的定位，因此面对的客户群和社群都是不同的。企业融媒体团队在策划选题的时候，一定要精准选取社群。了解社群的特性，才能做好选题策划工作。

如果我们的企业融媒体编导策划能够做好策划工作，也就能策划出有流量的栏目和具有社会价值、商业价值的栏目。

二、编导的能力提升方向

企业融媒体平台需要才华横溢的编导，编导的才华和能力也决定了企业融媒体平台的发展上限。如何才能找到这样的编导呢？或者说，当企业融媒体平台拥有了一名编导，如何让这名编导快速成长，让他拥有优秀编导的能力呢？编导能力的提升，可能有多个方向，多种方式，一名编导需要在业务、创新等多个方向进行提升。在我看来，编导的能力提升方向可能有以下几个。

1. 知识方向

通常来讲，编导是一个项目的负责人，他需要是某个项目方面的权威。如何才能成为权威呢？必须要有丰富的知识积累。有人说："编导不是掌握编导的技术就可以吗？"当然不是。例如，许多好莱坞顶级编导不仅拥有厉害的专业技术，更重要的是拥有丰富的知识。许多编导不仅可以编辑和导演，甚至可以独自完成剧本或者脚本的编写。还有一些编导会亲自审核剧本，校订剧本。如果一名编导知识匮乏，也就无法独立完成项目编导工作。另外，“编导”二字是编辑与导演的结合，也是知识的体现。因此，企业融媒体的编导们要不断提升自己的知识储备，知识是“一切的一切”，丰富的知识可以引起质变。

2. 思想方向

知识等于思想吗？从某个方面看，知识可以转化为思想；但是，知识并不等于思想。纵观世界影坛，优秀的编导绝大多数都是“思想家”，著名导演塔可夫斯基也是一名“思想家”。塔可夫斯基在世界影坛鼎鼎大名，其作品影响深远。塔可夫斯基有一句名言：“人类的生命变成一种存活的人所无法感受的东西时，对周遭的人而言便是死亡。”换言之，一个拥有高深思想的人，才能创作出伟大的作品。那些思想浅薄的编导，无论如何也很难拍摄、编辑出优秀的作品。因此，企业融媒体的编导们应该不断提升自己的思想水平，在思想上修炼自己。

3. 创新方向

从某个角度看，优秀的作品大多数是别具一格的。所谓别具一格，就是一种创新。当今时代不仅是一个提倡创新的时代，还是一个体现原创精神的时代。有一些融媒体编导借鉴国内优秀作品的风格，采用一种“抄袭”的方式直接进行借鉴，但是到最后才发现，自己“复制”的作品毫无新意，甚至毫无关注度。俗话说："要做第一个吃螃蟹的人。"所谓"第一个吃螃蟹"，是一种勇气的体现，更是一种创新的体现。企业融媒体的编导也需要在创新上努力，提升自己的创新意识，或者让自己拥有一种敢于创新的胆量。唯有创新，唯有与众不同，才能制造出流量。

4. 技术方向

许多编导是传统媒体出身，可能掌握了一定的编导技术。随着时代的发展，技术的更新，融媒体的编导需要不断提升自己的编导技术，在技术上做出努力。俗话说："技术代表生产力。"技术也决定了作品的"含金量"。如今，许多编导都在努力提升自己的编导技术，编导技术涉及的内容非常多，既有视频编导技术，也有声音、画面编导技术等。因此，一名优秀的编导要掌握非常丰富的编导技术。通常来讲，一名优秀的编导是"技术大拿"；一个编导技术都没有完全掌握的人，又如何成长为一名优秀的融媒体编导呢？

5. 道德方向

一些有才华的编导，却深陷"道德危机"，最后的结果可想而知。在我看来，一名优秀的编导必须扎根于道德的土壤，让道德引领他。一名无德的编导根本无法在这条道路上走下去。巴尔扎克说："一清如水的生活，诚实不斯的性格，在无论哪个阶层里，即使心术最坏的人也会对之肃然起敬。在巴黎，真正的道德，跟一颗钻石或珍奇的宝物一样受人欣赏。"

如果我们的企业融媒体平台的编导人员能够在知识方向、思想方向、创新方向、技术方向和道德方向做出努力，并且提升自己，就有可能成长为一名优秀的媒体编导。

三、内容策划的流程

融媒体项目的内容策划是一整套科学“计划”，也是一套流程。对于融媒体平台的编导而言，需要掌握这套内容策划的流程，才能完成整个融媒体项目的工作。这套流程是怎样的呢?

1. 项目分析

通常来讲，新的项目都需要进行相关的前期调查，调查的目的就是熟悉环境、了解项目、对项目进行定位等。

（1）熟悉环境。

任何项目都来自社会环境，只有熟悉了社会环境，才能开展项目。融媒体平台编导需要去做这些事情：熟悉项目所处的环境，分析环境。环境是决定项目走向的“关键因素”。

（2）了解项目。

结合环境，从环境中选择合适的项目。选择项目的时候，融媒体平台的编导还要多准备几个方案，用来选择。

（3）对项目进行定位。

项目方案的选择过程，就是项目的定位过程……实际上，项目分析也有一套完整的流程，因为文章篇幅有限，读者朋友可以从相关图书上进行查找，或者自行在网上搜索了解。

2. 目标制订

到底应该制订怎样的目标呢？开展任何项目，都要制订目标。前面我们讲到，融媒体运营总监是项目的具体负责人，设计项目和制订目标都由他来完成。但是，也有一些企业融媒体一人身兼多职，如融媒体运营总监兼任融媒体内容编导一职。制订目标的方式有很多种，内容编导可以选择目标制订法。与媒体内容相关的目标都有哪些呢？

（1）市场目标。

融媒体项目内容也是市场商业内容，融媒体平台编导要做市场分析与市场调查，并且制订出切实可行的市场目标。

（2）媒体渠道目标。

融媒体是多种媒体的融合，但也绝非所有媒体的融合。对于一个企业而言，选择自己熟悉的媒体渠道是非常重要的。因此，融媒体平台编导要确定合适的媒体渠道，在选择媒体渠道之前，还要制订计划，确定媒体渠道目标。

（3）收益目标。

融媒体不仅能给企业带来曝光度，也会给企业带来其他收益。融媒体平台编导要制订好收益目标，甚至问自己：“项目投入多少？计划收入多少？盈利多少？”只有这样，制作出的融媒体项目内容才是有意义的。

3. 内容策划

项目分析与目标制订这两项工作是必不可少的，也是内容策划的前提条件。具体的内容策划要围绕着市场、企业、社会环境和相关利益等元素进行，媒体内容的策划具体包括以下两点。

（1）受众。

一位资深媒体人说：“要明确项目内容做完了之后，投放给哪些人看。”换言之，要明确项目内容的受众是谁。明确了项目内容的受众，才能开展下一步工作。

（2）编辑。

当前面所有的计划工作安排妥当，才能进入到具体的编辑环节。项目内容编辑工作可以交给融媒体内容生产团队完成，完成之后，再由技术团队进行处理、优化，形成一个完整的融媒体产品。当然，项目内容的生产过程也需要构建一套流程（项目内容的策划流程，本身就是流程套着流程），这个过程包括定目标、做核算、写方案。换言之，整个企业融媒体项目需要融媒体平台的“三大板块”共同参与，才能完成。

4. 项目执行

项目内容必须要有一个终极的“执行方案”，如果没有“执行方案”，可能也就无法完成项目内容的策划。除“执行方案”之外，企业融媒体的编导们还得拥有一套项目“内测方案”，在运营项目之前，对项目进行“内测”，找出项目内容存在的 Bug（缺陷），然后进一步调试项目内容，等同于将一个“半成品”打磨成“成品”。

如果融媒体平台编导能够坚持以上流程，就能够打造出一套完整的媒体项目内容策划方案。该流程需要多个人来共同完成。在项目内容策划过程中，融媒体平台编导还要充当团队的沟通者，这样才能完成具体的项目任务。

四、优质内容的长期产出

前面我们多次提及，融媒体项目的内容质量决定融媒体平台的运营质量，这也就要求融媒体平台编导长期输出优质内容，以满足融媒体平台长期高质量运营的需要。当然，这是非常困难的一件事，甚至对有些人来说是无法做到的。一个名叫 Alien 的作者在“人人都是产品经理”上发表了一篇名为《内容运营：如何持续输出优质内容》的文章，他表示：优质内容至少要做到两点，一是提供的内容是用户需要的；二是可以提高用户获取信息的效率。提高效率一方面是要降低理解障碍，做到通俗易懂，另一方面是注重信息的总结和提炼，减少无用的信息内容、提高阅读效率。想要长期输出优质内容，要做到以下两点。

1. 提升原创能力

优质内容是一种原创的体现，那些模仿、抄袭的内容，只能是劣质内容。对于融媒体平台编导而言，提升自己的原创能力是非常重要的。如何才能提升自己的原创能力呢?

（1）拓宽知识面。

有人常常说："遇到瓶颈了，总觉得写不出东西来。"所谓遇到瓶颈，其实是知识不够导致的。如果一个人在遇到瓶颈的时候停下来，进一步学习，丰富自己的知识，扩大知识面，就能找到新灵感，突破瓶颈。我记得有一位编剧，他只能按照传统套路编写都市题材的剧本，后来多次尝试撰写年代剧本都失败了。他发现，自己的知识体系不够全面，需要重新建立知识体系……于是他积极提升、拓宽自己的知识面，最终攻克了难关。

（2）参加培训。

原创也需要技巧，当技巧无法满足原创的需求时，就需要进行提升。原创技巧如何提升呢？最简单直接的方式就是参加培训。当今社会，有许多与原创相关的培训机构，选择一家正规、知名的培训机构，就可以达成所愿。

除此之外，还有一种方式可以提升原创的技巧，就是大量创作练习，我们可以通过练习的方式摸索技巧，掌握技巧。

2. 不断创新

"创新"二字是我们不断提及的，创新与优质内容存在必要联系。爱因斯坦曾经说：“想象力比知识更重要，因为知识是有限的，而想象力概括着世界上的一切，推动着进步，并且是知识进步的源泉。”他提到了想象力，想象力也是创新的源泉。但是如何才能获取想象力呢？想象力是不是一种天赋呢？在我看来，丰富的想象力也可以后天培养，具体如下。

（1）多看优质内容。

一个优秀的内容生产者，一定要观看大量其他平台的优质内容。许多创新都是在前人的基础上做出的想象力延伸。对于融媒体平台编导而言，要日积月累，并且大量观看优质内容，培养自己的想象力，或者从其他优质内容上延伸想象力。

（2）加强思维训练。

思维训练的方法很多，因为篇幅原因，这里简单介绍以下几个。

头脑风暴法：这是一种简单快速的方法，即几个人围绕一个话题畅所欲言，展开讨论。这个方法可以锻炼一个人的思维。

逆向思考法：所谓逆向思考法，就是不走寻常路，或者采取一种逆向思维去推导、想象，这样的方法也可以锻炼思维。

复盘：复盘常常用于围棋，许多围棋棋手选择复盘为自己找到下一局的思路。因此，复盘也是锻炼思维的一种方法。与此同时，融媒体的运营也需要复盘。

（3）多看世界。

许多人都会采取“闭门造车”的方式，在自己的“独门独院”里生产内容，久而久之，就会陷入一种重复的死循环状态。要想解决这个问题，就需要走出去，多看看世界；或者多与同行交流，分享经验，重新找到灵感，挖掘新鲜元素。

如果企业融媒体平台编导能够不断提升原创能力，不断提升自己的创新能力，也就能源源不断地输出高质量的作品内容，为企业融媒体运营持续出力。

第八章　融媒体团队人员分工之主播采编

一、主播采编的特征

在企业融媒体团队中，除运营总监和编导之外，主播和采编的角色也是必不可少的。视频和直播在新媒体时代非常受欢迎，许多融媒体平台都在做视频和直播。简单讲，视频和直播都是“新媒体 + 传统媒体”的形式。两种形式都是鲜活的媒体形式，比传统文字、图片传播力更强。当然，优秀的视频和直播也离不开采编人员的辛勤工作。那么，企业融媒体团队中的主播与采编具备哪些特征呢？

1. 主播的特征

主播虽然分为传统媒体主播与新媒体主播两种，但是其基本形象和所做的事情并没有发生根本变化，可合并进行说明。通常来讲，一名优秀的融媒体平台主播特征如下。

（1）专业性强。

虽然当今许多网红主播并非“科班”出身，但是他们有足够专业的直播、主持经验，才能胜任这一角色。企业融媒体平台需要一名拥有专业技能的主播，而不能完全“以貌取人”。才华与颜值，到底哪个更重要呢？答案不言自明，我们将相关内容放在后面章节中详细说明。

（2）形象好。

一名优秀的主播，一定要有好的形象。好形象是否等于“高颜值”呢？其实，“高颜值”始终是选择主播的条件之一。如果一名主播既拥有“高颜值”，还有非常好的气质，当然会更好。

（3）善沟通。

懂得沟通的主播，才能留住“粉丝”，或者吸引“粉丝”。善于沟通意味着主播的情商是“在线”的。众所周知，许多网红主播都会在直播过程中与参与直播的“粉丝”互动，互动就是一种沟通。有时候，“粉丝”会向主播提出建议，主播如果能认真倾听，及时满足“粉丝”的需求，就能留住“粉丝”，甚至吸引更多的“粉丝”参与互动。

（4）表现活跃。

有人说：“一个沉闷的人，是无法吸引‘粉丝’的！”事实上，一名优秀的主播需要在直播（视频）中有活跃的表现，决不能让直播（视频）太过枯燥。融媒体时代的主播，得是一个能够活跃气氛的主播。

如果一名主播具备了优秀的专业技能，气质好形象佳，善于与“粉丝”沟通，在直播（视频）中有活跃的表现，通常就能胜任这个岗位。

2. 采编的特征

采编具有哪些特征呢？采编也是企业融媒体不可或缺的岗位，同样需要能力优秀者。

（1）拥有媒体采访资源。

通常来讲，一名优秀的采编要掌握并拥有相对丰富的媒体采访资源……许多年轻新人没有这样的资源，还需要提前寻找资源；一名采编“老炮儿”，拥有丰富的媒体采访资源，就如同一只蜜蜂拥有丰富的采蜜资源，可以从中获取更多有价值的媒体选题。

（2）善沟通。

无论是主播，还是采编，都需要掌握沟通能力。卡耐基有过关于“沟通”的名言：“如果你是对的，就要试着温和地、技巧地让对方同意你；如果你错了，就要迅速而热诚地承认。这要比为自己争辩有效和有趣得多。”沟通是一种能力，采编在新闻（项目）采编过程中，需要与人不断沟通，才能将融媒体项目的采编工作顺利完成。

（3）群众性强。

什么是群众性呢？《解放日报》是这样解释的：“密切联系群众，反映群众的情绪、生活需求和要求，记载他们的可歌可泣的英勇奋斗的事迹，反映他们身受的苦难和惨痛，关心他们的意见和呼声。不仅要充实群众的知识，扩大他们的眼界，启发他们的觉悟，教导他们，组织他们，而且要成为他们的反映者、喉舌，与他们共患难的朋友。”群众性对采编人员要求较高，需要采编人员为人民“发声”，关心人民“意见”，给人民提供“渠道”。在一个企业中，采编人员要与企业内的各个岗位的工作人员打成一片，从企业内部挖掘出值得报道的信息。

采编人员还要掌握一定的采编技巧，并且在自己的采编资源中找到更多与采编内容相关的“线索”。

融媒体团队是一个庞大的团队，它需要一群“八仙过海、各显神通”的人，而且需要团队中的每个成员都能协调配合，这样才能形成一个有凝聚力的团队。

二、融媒体内容的采编技巧

对于一名融媒体采编而言，掌握融媒体内容的采编技巧是最重要的。采编这个岗位是一个“技术”岗位，它需要采编人员拥有与之相关的专业能力和专业技巧。《中国报业》曾经刊发一篇名为《融媒体时代，传媒人必知的采编技巧》的文章，文章中写道：“以先进技术支撑融媒体采编，必须以先进的技术力量为重要抓手，把技术力量的培育放在与内容建设同等重要的位置，从技术上打破现有的传统新闻采编流程，实现传统采编系统与新媒体平台的无缝对接……搭建融媒体采编平台，所有新闻线索统一提交到数字采编系统，由各采访专线值班主任分派线索，发布采访指令。重大新闻线索，值班总编辑统一调度多部门、多条专线协同作战，摄影、摄像记者及新媒体采编人员适时配合，从而逐步实现对采编人员的扁平化管理，使每一条原创新闻都能第一时间找到最适合发布的媒体平台。”

这篇文章给了非常好的建议，企业融媒体在搭建融媒体采编平台的基础之上，还要找到优秀的采编人员，并让采编人员掌握一些采编技巧。那么，优秀的采编人员应该掌握哪些采编技巧呢？

1. 提前做好采访准备

采编通常会通过采访被访者的方式进行采稿，在采访被访者之前，采编要进行充分的准备工作，甚至需要列出问题采访单。俗话说：“不打无准备之仗。”如果提前做好访问准备，采编就能顺利完成采访，并且从被访者身上找到好的媒体素材。

2. 抓大放小

什么是抓大放小呢？许多没有经验的采编，往往会“胡子眉毛一把抓”，想尽一切办法“扫光”所有可以采稿的新闻事件。事实上，这种做法非常浪费精力，甚至会“捡了芝麻丢了西瓜”。有经验的采编总会选择抓大放小的采稿模式，采集更加重要的、值得报道的新闻选题，然后用心经营，用心策划。

3. 学会引起关注

当今时代也是一个“注意力时代”，一名编辑想要创作出好的作品，需要对新闻媒体稿件进行包装。有人问：“采编人员也要这样做吗？”对于采编而言，他们需要从林林总总、各式各样的新闻事件中找到并截取出容易制造“轰动”的片段，然后进行二次加工，形成一篇篇吸引大众关注和具备社会效应的采编稿件。通常来讲，这样的采编稿件更加具有“轰动效应”，而且也容易让其他内容编辑发挥自己的才华和想象，制作出更加有特色的媒体产品。

4. 丰富采编形式

采编的形式多种多样，尤其是融媒体时代，采编人员还要学会并掌握各种采编技术，能够从各种媒体渠道找到具有采编价值的媒体内容，再加以处理。采编也需要掌握一些新的处理技巧，如将文字提炼成图片，把图片制作成视频……总之，丰富采编形式和手段，也是一种融媒体内容采编技巧。

5. 加深访问

对于一名采编人员而言，访问工作是必不可少的。但是，许多年轻的采编人员工作阅历浅、性格浮躁，甚至没有耐心，认为简单采访就是完成了采编任务。我想，这是一种不负责任的态度。有时候，良好的技巧就是把事情做好、做足，甚至耐着性子去不断加深访问。深度访问可以帮助采编人员挖掘到更多有价值的媒体素材。

6. 多出去走动

当今时代是一个信息时代，但是所有的信息并非都在网络上。企业融媒体团队采编人员要多深入企业一线，多出去走动，搜寻采稿灵感，把最贴近企业的新闻稿件采集到手。

如果一名企业融媒体的采编能够学会以上六条技巧，也就能够胜任采编这项工作。需要提醒的是，采编工作是一项烦琐的工作，采编人员要学会适当减压，培养耐心和毅力，它们也是做好采编工作的重要元素。

三、口才和颜值，哪个更重要

对于主播和采编而言，到底是口才更重要，还是颜值更重要？众所周知，当今网红主播，多半因为颜值受到关注……换言之，颜值还是挺重要的。社会环境是一个大染缸，许多人坚持认为颜值不重要。但是颜值真的不重要吗？颜值是非常重要的元素，主持人没有颜值，其主持的栏目的关注度就会受损。企业融媒体不需要所谓的“鸡汤”，只需要某些人能够胜任某个角色。但是，人们也往往会在“才华”和“颜值”两个选项上迷茫，不知道选择哪一个。在我看来，融媒体主播和采编的口才十分重要，当然颜值也不能忽视。

1. 口才

口才是什么？到底有怎样的意义呢？培训师吴开友认为：关于口才，每个人都有不一样的表现基础，有些人是有话不想讲——心态问题；有些人是有话不敢讲——胆量问题；有些人是有话不会讲——技巧问题；还有些人是无话可讲——当然是环境（平台）的问题。口才是非常有用的，尽管口才不好可以表现为心态问题、胆量问题、技巧问题和环境（平台）问题。人交流需要说话，人必须说话，说话是人做许多事情的基础。

如果企业管理者能够发掘有口才的人才，还是要多给他们机会，让他们做好工作。口才对主播的重要性不言而喻，采编也是一项与人打交道的工作，采编人员必须要与采访对象打交道。现实社会中，也有一些“优秀”的采编者东奔西走，“闻”着舆论的风声做业务。但是，没有口才的参与是不行的。口才到底有哪些意义呢？

第一，口才是一种良好展示自己说的话的行为，其目的在于将自己说的话正确、科学、委婉地告诉对方，让对方接受这些话。如果一个人说话的语气太重，甚至态度出现问题，也就无法告知对方自己的想法，甚至会让对方产生一种厌恶情绪。

第二，口才是一种推销自己的方式。对于一名企业融媒体的采编人员来讲，在客户（被采访者）的面前推销自己是非常重要的一件事。如果采编人员能把自己推销出去，也就能把采编工作做好，甚至可以从意想不到的地方获得有价值的采编信息。

第三，口才相当于“承诺书”。在古代，有“一言九鼎”“一言既出，驷马难追”的说法。对于企业融媒体团队而言，承诺是一件非常重要的事情。因此，融媒体的“承诺书”在新媒体和融媒体时代也是有意义的。

2. 颜值

颜值重要吗？对于主播或者采编的岗位，如果人们认为颜值是不重要的，我想，大多数人可能犯了“嫉妒”的毛病。对于主播或采编而言，颜值是重要的。易车网有一篇名为《论颜值的重要性》的文章，作者车轱辘表示：在当前这个看脸吃饭的年代，颜值的重要性更是与日俱增。如果将这一现象置于视觉文化的背景下加以解读，会发现这种崇尚现象既是旧有颜值崇尚之风的历史延续，也是市场商业价值催生的物化需求、视觉文化时代媒介的助推扩散、赏容之风大行其道的现实诱惑等共同作用的结果。

在我看来，颜值对于一名采编或者主播来说，还是非常有意义的。面对一名颜值高且具有职业技能的人才，融媒体团队应该好好考虑其在团队中的作用。

口才与颜值的选择项，是一个伪命题。因为口才与颜值并不冲突，可以兼具。对于企业融媒体平台的运营者而言，不要因口才或者颜值某个单一选项而犹豫，而应该结合企业环境和应聘人员的条件去选择。

四、采编与编辑的配合

通常来讲，采编与编辑分别从事不同的工作，采编负责新闻内容的采集，编辑负责具体新闻内容的撰写。采编负责“上游”工作，编辑负责“下游”工作。换言之，采编与编辑需要配合默契，才能完成“采编—编辑”工作。当然，随着时代的发展，许多企业打造融媒体、建设融媒体，需要寻找复合型人才，即“采编—编辑”两项能力同时具备的员工，可一人分饰两种职业角色独自完成采编与编辑的工作。如果是专业媒体单位，也会按照传统配置方式将“采编”与“编辑”两个角色分开，并且配置两个岗位。因此，企业应该根据自己的实际条件，因人设岗或者因岗设人，以体现人力最优化、资源最节省的用人思想。我们借助下面的故事进行详细讲述。

在某企业融媒体平台，朱某是采编，刘某是编辑，两个人都是编辑室的工作人员，只是分别属于不同的岗位。平时，编辑室接到运营部下发的任务，朱某就会按照要求去采稿。有一次，运营部下发任务，要求发布一篇基层员工工作生活的文章，为了完成这个任务，朱某拿着照相机去了公司生产一线，连续多日与生产一线员工一起工作生活，拍摄他们的工作生活状态。其间，朱某多次与刘某进行沟通：“刘编，你需要一些什么样的照片和信息呢？如果你有自己的想法，可以告诉我。”刘某告诉朱某：“多拍摄一些他们工作休息时的场景和照片，以及刚刚下班时摘下安全帽的照片……”

朱某是一个非常善于团队合作的人，他决定按照刘某的要求去做。他不仅拍摄了刘某要求的照片，并且通过采访生产一线员工，整理了许多精彩故事。朱某每天都会把照片和相关信息发送给刘某，刘某根据照片和信息编辑好稿件，然后交给总编进行校订、审核。通过这样的方式，朱某与刘某不仅能够完成企业交代的任务，而且配合默契，工作效率奇高。

在我看来，采编的工作是非常重要的，除了完成上级交代的任务，还要具备一些专业技能，如采访技能。李希光教授在《新闻与写作》杂志上发表了一篇名为《一次成功的采访需要掌握哪些技巧和方法》的文章，他写道："报道人物，特别是知名人士时，应尽可能做好前期调研。这可以帮助你选取独特的报道角度，节省采访对象的时间……花多长时间准备以及怎么准备决定于报道内容和采访对象对于报道的重要性。报道内容越是复杂，或者采访对象越是重要，准备就越要充分……采访对象说得越多，记者获得的线索、事实、引语就越丰富。因此在许多采访中，记者都乐意做一个倾听者，把说话权交给采访对象，希望对方有什么说什么。同时，一个好的采访者会时时控制采访的方向和发展，让采访为最终的报道服务。"

除了采访技能，采编还要具备整理素材的能力。如今，采编的工作已经将"采"与"编"分离，即原来由一个人完成的工作，现在由两个人完成。采编负责的"上游"工作，就是把采集而来的信息进行梳理，梳理出重点和故事线等。只有将归类好的信息交给编辑，编辑才能顺利编写文字。

编辑都做哪些工作呢？融媒体编辑不同于传统编辑，需要掌握以下几种技能。

第一，文章构架。文章的构架是写文章的前提，文章构架到位了，才能进行撰写。也就是说，文章构架是编辑应该具备的基本技能。

第二，文章撰写。写文章是一种技能，技能水平高的编辑，能够写出高水平的文章，高水平的文章通常有高阅读量。

第三，素材积累。想要写好一篇文章，需要准备大量素材。素材的积累也是一项技能。这里需要提醒一下，有一部分素材是采编提供给编辑的。

第四，文章排版。不同的平台有不同的排版，微信公众号的排版与传统报纸、杂志的排版不同……编辑要掌握不同的文章排版技能，才能做好自己的工作。

第五，图片处理。通常来讲，采编将图片等发送给编辑，编辑根据审美和相关要求，对图片进行处理。

如果企业融媒体平台的采编是“采”和“编”分开的两个岗位，就需要两个岗位的人员做好配合；如果采编是“采”与“编”合二为一的岗位，就需要工作人员提升技能，完成这项重要的工作。

第九章　融媒体团队人员分工之影像视觉

一、影像视觉岗位职责分析

融媒体时代，企业对影像视觉岗位的需求在增加。许多企业、组织都在招募影像视觉方面的人才。我记得有一家企业融媒体拥有自己的“影像微杂志”，每个月出一期，并且在社会上招募该方面的优秀人才。影像视觉岗位在融媒体团队中是非常重要的，那么从事影像视觉工作的要求都有哪些呢？通常来讲，影像视觉岗位对一名员工的要求是这样的。

1. 有丰富的影像视觉方面的工作经验

如果能够在社会中找到一名有丰富工作经验的人才，放到合适的岗位上，就会迅速转化成业绩。如果没有找到丰富经验的工作人员该怎么办？那就去寻找影像视觉专业的毕业生。如今，许多大学都开设与之相关的专业，并且培养该方面的学生，非常值得广大企业融媒体平台去招募。丰富的影像视觉经验，直接可以转化成业务成绩；如果经验不足，企业融媒体平台要给这些人员提供培训和学习的机会，继而提升他们的技能。

2. 熟练使用剪辑软件

所谓剪辑，就是“剪取”与“编辑”。从事影像视频的工作人员都知道，视频的剪辑水准，决定了影像视觉的效果和质量。著名电影导演徐克也是一名顶级的剪辑师，在拍摄《狄仁杰前传》的时候，他选择使用 Final Cut Pro X（视频编辑软件）进行剪辑。徐克的御用剪辑师郁柏杨表示：磁性时间线非常适合徐克，因为此功能可让他尝试进行重大修改，却不会意外将素材搞乱，这让自己的日子好过多了，而且能更轻松地在时间线中修剪或替换数百个音效和音乐片段；关键字和喜好范围使 Final Cut Pro X 中的归整更高效、更灵活；而浏览条是帮自己快速浏览众多脚本素材的绝佳选择；自己总能轻易找到任何需要的剪辑片段。对于一名优秀的影像视觉工作人员而言，不仅需要熟练掌握一些剪辑软件的使用方法，而且要提升自己的剪辑水平。

3. 懂得色彩搭配

影像视觉的色彩搭配也是非常重要的。世界上著名的摄影师都会在“视觉色彩”方面下一番苦功夫。有人说：“许多摄影师的作品不是黑白的吗？”即使是黑白两色的搭配，也需要构建“黑与白”的比例。这甚至比多种颜色搭配更难。日本著名摄影师荒木经惟的影像作品非常“色”，但是却十分协调，给人一种艺术美感。贵州民族大学的教师古今在一篇名为《荒木经惟摄影艺术风格表现》的文章中写道：“通过对原来影像的光线构图等方面的大胆突破，改造成一种个性的形式加以表现。荒木经惟通过运用自己特有的光线构图色彩、影调，将日常化的物品变成陌生物象。通过这样的艺术处理，产生一种新的美感。”一名优秀的融媒体平台的影像视觉人才一定要懂得影像视觉中的色彩搭配，这种搭配就是一种艺术化处理，能给企业带来高质量的影像视觉作品。

4. 熟悉剧本

如果一名影像视觉编辑师不懂得剧本文学，也就无法从剧本和分镜头中设计出影像视觉背景。企业融媒体在招纳人才的时候，一定要卡紧这个“关口”，选择熟悉剧本、能够从剧本和分镜头中设计影像视觉背景的编辑师。事实上，国内许多新媒体公司在招募人才或者在与之相关的“岗位说明书”中都有说明：熟悉影视镜头语言特性和要求，能根据剧本和分镜头设计出相符的设定及背景……

5. 拥有绘画功底

对于一名影像视觉工作者而言，绘画是基础。著名导演徐克也有一手非常厉害的速写功夫。在他的电影中，许多分镜头是他用铅笔速写出来的，然后根据速写构架的场景，用影像场景还原出来。公众号“书画圈”里有一篇名为《难以想象，这些电影分镜头手稿，竟然是徐克创作的》的文章写道：“电影分镜头手稿，可大致将剧情的关键场景描绘出来，要求有较高的相似度、真实度。徐克的分镜头作品，相对于姜文、北野武的来说，简直可以算作专业的漫画了！”如果一名影像视觉工作者拥有一手好画工，对自己的岗位工作更是如虎添翼。

如果企业融媒体的影像视觉工作者满足了以上五项要求，也就能够适应该岗位的工作。

二、海报、照片、视频互为补充

《新闻爱好者》杂志曾经刊登一篇名为《从“融媒体”谈“媒体融合”》的文章，作者（郭雯、方毅华、李蔚杭）在文章指出：媒体融合的最高理想，就是要构建全媒体的大循环体系，将每个已自成一脉的全媒体平台再次融会贯通，达到最广泛的空间延展，最全面的媒介传输，最全能的技术支持，最有效的用户体验。它体现的不再是“似”融媒体时代的简单跨媒体间的连接，也不再是“仿”融媒体时代用户在互联网上的简单互动，还不是“实”融媒体时代单纯的新旧媒体的优化组合，也不仅仅是“全”融媒体时代各个“传播部落”间的独立成章，这样的循环体系，必将打破传统媒体的全媒体平台间各自运转的藩篱，实现各个全媒体平台的合纵连横，充分汇总大数据，成为连接各个平台的枢纽，将各个平台的小循环系统通过统一协调建立起全媒体大循环体系，大大提升各平台的传播效果，使得各个媒体的功效最大化和全面化。

这讲得很透，也讲清楚了媒体融合的最高理想。对于一个企业而言，打造融媒体既有自身的需要，也是时代所赋予的任务。在一个企业融媒体平台中，想打造一个生态体系，还需要一个团队，一个人人都具备相当能力的团队。在这个团队中，每个岗位都是独立且相互关联的。无论你从事海报设计，还是影像处理，抑或是视频拍摄，都需要与其他岗位、其他人员配合，相互补充。融媒体融合的不仅是“媒体”，还有文字、海报、照片、视频等。融媒体让这些元素互相补充，形成一股强大的宣传力量。

国外有一家公司拥有自己的融媒体中心。有一年，这家公司推出了一个具有“革命意义”的新产品，公司需要对该产品进行大力推广。推广的任务也就落在了融媒体中心的身上。该公司融媒体中心的负责人汉斯，将相关的工作任务分配到各个岗位，负责海报的年轻人在很短的时间内就做出了几套方案，然后交给汉斯拍板。汉斯看过之后，选择了其中一张海报。然后他组织了一次“小型团队会议”，参加会议的人，除了做海报的年轻人，还有两个人——摄影师和摄像师。

汉斯问摄影师：“你还有什么可补充的吗？或者，说一说你的建议。”摄影师表示，这张海报的文字设计非常不错，但是背景图片还可以继续丰富一下……负责海报的年轻人接受了摄影师的建议，然后将摄影师拍摄的作品重新做成海报。

汉斯又问摄像师：“你有怎样的建议？”摄像师说：“如果仅仅只是一张海报，恐怕难以达到宣传预期。我想，还需要视频影像的参与。”于是，一个与海报内容相符的视频也出现在各大网络平台上。

在这里简要说明一下，海报的种类也有很多，有传统海报、视频海报等。换言之，融媒体时代之下，仅围绕着一张海报就有无数种设计的可能。

融媒体就是这样，任何一名生产者都会派上用场。文字、图片、视频等，都会紧密地联系、融合在一起，达到一种共同发力的效果。正因如此，汉斯所在公司的融媒体中心，发挥了巨大的作用。据了解，这家公司的新产品海报有图文海报，也有视频海报。文字、图片、视频等，都能够以海报的形式出现。

如今，与视频、图片相关的设计软件非常多，上手也非常简单。对于相关岗位的工作人员而言，他们只需要领悟融媒体的思想精髓，然后采取一种相互配合、相互借力的方式，将文字、图片、视频等融合到一起，起到“1+1+1 > 3”的效果。

三、融媒体影像、视觉设计方案

影像设计与视觉设计是融媒体运营设计中的两项重要工作，企业融媒体的相关岗位工作也包括了融媒体影像设计和视觉设计两项工作。其岗位工作人员更要肩负起工作使命，给融媒体项目提供影像和视觉设计方案。

1. 融媒体影像设计方案

影像设计是一门技术性很强的学科，许多大学都开设该专业或与之相关的课程。什么是影像设计呢？简单说，影像设计就是视频制作与图像处理。因此，企业相关人员要掌握相关的技术，才能提供优质的影像设计方案。影像设计方案应该如何去做呢？

（1）数据处理。

通常来讲，相关工作人员需要将两个或以上不同源的数据进行融合，形成一个逼真的效果图。在融合的过程中，工作人员需要熟悉并了解各个不同源数据的图片（影像）的相关信息，然后将其中的有用信息整体融合到一起。

（2）影像剪辑。

数据处理与融合仅仅是其中一方面，更重要的是对已经进行数据处理的影像进行二次剪辑和调整。因此，工作人员要熟练掌握相关软件的使用方法，按照美学原理对影像进行加工处理。

融媒体的影像设计是非常专业的一项工作，还有详细的步骤，具体步骤：影像素材的预处理—影像素材的融合—影像的美学校订与修订—影像的裁剪—影像作品（半成品或成品）类型的分类与归纳。当所有的工作完成之后，融媒体的影像设计方案（之一）也就产生了。

2. 融媒体视觉设计方案

有人问："难道视觉设计方案与影像设计方案有不同之处吗？"其实，视觉设计方案与影像设计方案可以合二为一。但是在一个分工更加明细的团队里，不同专业的人负责不同的内容，显得更加专业，并能体现出团队的优势。什么是视觉设计呢？视觉设计虽然包含了部分影像设计，但是更多体现在"界面"与"图片"方面。视觉设计是针对眼睛功能的主观形式的表现手段和结果。视觉传达既传达给视觉观众也传达给设计者本人，因此深入的视觉传达研究已经关注到视觉的方方面面感受，称其为视觉设计更加贴切。

视觉设计岗位的工作内容有哪些呢？具体来看，视觉设计岗位的工作包括平面排版、音频处理、素材管理、视频编辑、动画制作、界面网页制作等，这些工作属于技术类工作，需要视觉设计岗位的员工掌握与之相对应的技术能力，以此达到企业融媒体的岗位用人标准。除此之外，融媒体的视觉设计方案应该如何去做呢？

第一步，相关人员对目标人群进行分析，了解目标人群在视觉方面的审美需求，然后按照其需求进行设计。

第二步，选择合适的视觉素材，借助相关软件设计出半成品，然后进行内测。内测的目的在于不断调试与修改，达到最好的视觉效果。如今，许多从事视觉设计的工作人员都在学 UI 设计（界面设计），UI 设计也是目前十分流行的设计技术。

第三步，形成具体的方案，包括所需要的道具和相关的费用支出等。

对于企业融媒体而言，找到并拥有相关的专业人才是最为关键的。专业人做专业事是成功运营融媒体的关键因素。影像、视觉设计方案需要专业人才去做，管理运营者应该给予他们充分的空间和权限，让他们充分发挥自己的创作才能。

第十章　融媒体团队人员分工之运营推广

一、内容分发的平台介绍

融媒体融合了传统媒体、新媒体。对于一名运营推广人员来讲，了解并掌握各种内容分发平台的分发方式，是非常重要的一件事。下面主要介绍一下常见的融媒体内容分发平台。

1. 报纸

报纸是十分常见、传统的内容分发平台。许多地方政府以及部分大型企业都有自己的报纸。最早的报纸在一千多年前就已经出现了。如今，随着互联网时代的到来，报纸形式也发生了改变。许多报社有两种报纸，一种是传统的纸质报纸，另一种是电子报纸。除此之外，一些企业与地方报社联合办报，在内容分发方面有自己的独特优势。

2. 电视

许多中国人都有一个习惯，晚上七点定时观看《新闻联播》。人们从《新闻联播》中得到自己想要关注的新闻内容。还有一些人每年都会观看央视春晚，以此实现自我娱乐需求。互联网时代，传统电视并未销声匿迹，相反，许多卫视频道与文化传媒公司联合打造金牌节目，不断刷新收视率，而且产生巨大的广告效益。电视也是一个重要的内容分发平台，尤其是政府机构可以借助电视平台的优势力量，进行相关内容的分发。

3. 杂志

杂志与报纸有相似之处。有些人认为：如今，人们很少花钱买杂志了，杂志不再是人们的选择。难道真的是这样吗？坐过飞机和高铁的人们都知道，高铁和飞机上都有杂志，这些杂志属于铁路与航空公司的专有杂志。这些杂志是免费阅读的，但是阅读量同样是惊人的……换句话说，这些传统杂志不但没有被淘汰，而且在发挥着重要作用。企业融媒体或许没有必要发行自己的杂志，却可以制作电子杂志，然后在网络上进行传播，供人们阅读。

4. 电台

电台是有声的，也是传统的媒体平台。互联网时代，电台也没有消失，许多从事运输等行业的人群，还有听电台广播的习惯。也就是说，该平台依旧有相当一部分“粉丝”群体关注。许多地方政府融媒体平台一直与电台有着深度合作，并且通过电台这样的传统媒体平台进行内容分发，取得了不错的效果。

5. 抖音

抖音是当今非常流行的一款 App，许多人都在玩抖音，并且借助抖音分享自己的生活。前面我们已经用大篇幅的内容对抖音进行了介绍。抖音是新媒体平台，是非常好的内容分发平台，且制作成本很低，传播范围很广。抖音有数亿用户，明星刘德华刚刚加入抖音一周，就获得了超过 4000 万名抖音用户的关注，一度引发强烈的社会效应。

6. 快手

快手功能与抖音差不多，内容分发的方式也几乎一样。对于企业融媒体的运营者而言，这些平台都是非常好的内容分发平台，都值得去运营。

7. 喜马拉雅

许多年轻人选择用喜马拉雅 App 聆听故事，或者分享自己的朗读作品和歌声。喜马拉雅并不是电台，是一种“声音内容”平台，且拥有上亿用户。企业融媒体运营推广人员可以将相关内容制作成声音内容，在喜马拉雅这样的平台上进行分发。与喜马拉雅平台相似的平台也有很多，这些平台都可以进行声音内容的分发。

8. 微博

这个号称“随时随地发现新鲜事”的互联网平台，已经汇聚了数亿用户群体，也是当前十分火爆的平台之一。新浪微博是当前使用人数极多的微博平台，许多知名企业和知名人物都有自己的微博账号。企业融媒体运营推广人员一定要学会使用微博，借助微博平台去分发、推广内容。

9. 微信公众号

微信公众号依托于微信，微信也是当前互联网极大的“微社区”平台。微信公众号是非常有代表性的内容分发平台，好的内容很容易产生社会效应。

除了上述平台，还有数以千计的平台，如百家号、大鱼号等，都是非常好的内容分发平台，在这里就不一一介绍。

二、运营推广的基本流程

融媒体的运营推广是非常重要的一件事，关乎融媒体平台的发展。因此，融媒体的运营推广者要打造一套完整的系统，并形成流程。按照流程去做，将会解决许多问题，那么这套流程是怎样的呢？

1. 前期准备

通常来讲，做任何事情都要有一个精心准备的过程。运营推广也是如此，要有前期准备。

（1）保证各部门运营正常。

融媒体团队下设三个部门，即运营管理部门、内容生产部门、技术部门。融媒体正常运营推广的前提条件就是各个部门运营正常。任何一个部门出现问题，都会影响运营推广工作。运营管理者和运营推广专员必须做好一件事：保证团队的完整性，确保团队正常运行。

（2）有明确的目标和计划。

有明确目标和计划是运营推广的一个重要前提。无论是开展新项目，还是维护老项目，都要设定目标，然后将目标进行分解。有了目标，工作才能有序开展、推进。要将计划与目标相结合，每完成一个目标，都要进行阶段性的总结，形成一套完善的“目标—计划—执行—结果”流程。

（3）选择合适的推广渠道。

每一个融媒体团队都有自己的推广渠道，有熟悉的渠道，也有陌生的渠道……选择最适合的渠道是非常重要的。有人问：“难道不是所有的渠道都可以使用吗？”在我看来，只有经济效益和社会效益都具备的渠道才是最合适的。

（4）确保团队明确分工。

既然融媒体团队分为三个部门，那就划定各部门的工作范围，形成部门制度书。除此之外，每个部门有不同的岗位和分工，也应该明确分工，并对每个人进行业务考核。

2. 中期运营

有了前期准备，就要按照准备的目标和计划紧密分配开展与推广运营相关的工作。

（1）确保各个项目运营正常。

在运营管理融媒体各个项目的时候，需要确保各个项目和项目中的各种物料处于正常状态，同时需要确保负责该项目的团队处于正常状态……只有项目处于正常运营状态，才可以开展运营推广工作。

（2）根据运营状态优化项目。

想要让项目运营得更好，需要不断对运营进行优化。运营管理人员应该根据项目运营的整体状态去调整、优化，如项目、人力、技术等。

（3）制定完整的运营推广策略。

运营推广需要策略去支撑。推广没有策略，如同闭眼走路一样。运营推广策略有很多，既可以选择成熟的、现有的推广策略，也可以根据企业本身的条件量身打造。常见的运营推广策略有以下几种。

引流策略：融媒体项目需要引流，制定引流策略，为融媒项目进行引流，以达到推广目的。

留存策略：所谓留存，就是让用户在融媒体项目上多停留一段时间，以此实现“关注—转发”的目标。

优化策略：不同的渠道有不同的优势，融媒体运营管理者要分析这些优势，选择更适合企业的，然后对运营进行优化。

3. 后期工作

后期工作也是非常重要的，并且有两个重要意义，即总结前面的工作和为后面的工作铺路。

（1）项目内容的补充与更新。

如果一个项目完成了，就会去做另一个项目。但是，这些项目可能是同一个大项目的前后部分，运营者应该对项目进行补充和更新，如内容更新、人才储备与更新、渠道更新和技术更新等。

（2）新推广活动的策划。

融媒体项目正常运营之后，还需要进行一些活动推广。不同的阶段，需要制订不同的推广活动方案。

（3）用户维护。

企业融媒体有许多平台，各平台都会有相当数量的用户。每个阶段，融媒体运营人员都要对各平台上的用户进行维护，并进一步挖掘用户身上的需求。

（4）数据分析与意见反馈。

如今，许多企业融媒体都引进了大数据技术，通过技术对相关数据进行分析，从中找到规律。另外，融媒体运营团队要定期组织意见反馈活动，让用户提供意见。

以上三项构成了整个融媒体项目的运营推广流程。运营专员设计好流程，然后形成制度和考核标准，就能确保融媒体正常运营和项目正常推广。

三、运营人员的能力及要求

在前面，我们已经介绍了运营管理人员的相关要求，那么，普通的运营人员需要具备哪些能力呢？纯粹的运营与管理有所区别，普通运营者的主要责任在于运营。这里的运营是指执行层的岗位工作。因此，普通运营者的工作与运营管理者的工作有所区别。

1. 运营者具备的基本能力

融媒体运营者不仅要懂得如何项目运营，还要掌握以下几种能力才能胜任自己的岗位工作。

（1）信息流管理和全平台分发能力。

融媒体的价值体现在流量上，从某个角度看，信息流量决定了融媒体的价值。运营人员需要掌握信息流的管理能力，提升融媒体的信息流量。如何才能管理好信息流呢？我想，有一种能力与之相关，即全平台分发能力。掌握了全平台的分发技巧，才能提升信息流量，做好信息流管理工作。

（2）社群管理能力。

如今，许多运营新媒体的工作人员都有自己的社群，打造社群就是为了实现“信息流量”的提升，或者借助社群将融媒体项目信息裂变分发出去。众所周知，许多明星都有自己的“粉丝”社群，明星团队专员负责“粉丝”社群的管理，以此确保明星的“光鲜度”和“商业价值”。从事融媒体运营的专职人员也要学会打造融媒体社群，管理该社群。

（3）传播推广和运营策划能力。

如果说，融媒体运营管理者是“决策者”，那么，运营专员就是“执行者”，需要负责具体的项目策划和运营相关的工作，拥有了传播推广和运营策划能力，才能胜任这项工作。

（4）梳理能力。

运营的过程就是梳理的过程，能够把“毫无头绪”的工作梳理成“井井有条”的工作并不容易。普通的融媒体运营者不需要像管理者那样操心决策的事情，但是需要帮助管理者梳理与之相关的工作。我认为，所谓梳理，就是疏通和整理。疏通，就是把“拧在一起”的东西疏散开来；整理，就是把“疏散开来”的东西按照一定的规律、顺序排好。

（5）分析能力。

运营工作是非常复杂的工作，也是十分有挑战的工作。融媒体运营者在运营过程中，总会遇到各种各样的问题，想要解决问题，就需要拥有分析问题的能力，即分析能力。百度百科给出这样的解释：“分析能力是人在思维中把客观对象的整体分解为若干部分进行研究、认识的技能和本领。客观事物是由不同要素、不同层次、不同规定性组成的统一整体。为了深刻认识客观事物，可以把它的每个要素、层次、规定性在思维中暂时分割开来进行考察和研究，搞清楚每个局部的性质、局部之间的相互关系以及局部与整体的联系。借助分析能力，可以对决策对象的认识由表到里、由浅入深、由难到易、由繁到简，从而把握决策对象的本质，为科学决策打下基础。”拥有了分析能力，运营者才能解决问题，给决策者提供帮助。

（6）逻辑能力。

逻辑能力也是一种解决问题的能力，逻辑能力是运营者解决问题、梳理问题、分析问题的基础能力……如果一个人没有逻辑能力，也就无法胜任运营管理工作。

（7）营销能力。

融媒体的运营，也是一种营销。许多企业的运营部门就是营销部门。融媒体运营者必须要懂得营销，懂得分析市场，从而帮助企业融媒体找到最好的营销模式，将产品推销出去。换言之，融媒体运营者也是产品推销员。另外，营销是一门学问，甚至是艺术。只有懂得营销的运营者，才能把企业融媒体推向“深海”。

（8）创业能力。

有人问：“融媒体运营者也是企业中的一名员工，拥有了创业能力，是否还能安心工作？”其实，这种创业能力是一种“独当一面”的能力，也是一种“抗压能力”。拥有创业能力的运营者，能够用一种创业思维运营融媒体，甚至把融媒体当成自己的事业，继而付出更多的心血，做出更多贡献。

2. 对运营者的要求

每个岗位都有岗位要求，融媒体的运营岗位，也有较高的要求。通常来讲，融媒体对运营者的要求如下。

第一，负责融媒体平台的整体运营。融媒体平台包含了 PC（个人计算机）端、移动端，融媒体运营者必须确保端口的运营安全和正确的运营状态。

第二，负责App以及各个平台的日常维护。除了相关人员进行技术维护，融媒运营者也要参与日常维护工作。

第三，负责具体的融媒体项目策划，协助相关工作人员完成项目。

第四，收集与融媒体运营相关的数据，分析数据；分析用户，挖掘用户需求，根据用户需求提供有针对性的服务建议。

第五，负责融媒体平台的具体推广工作，如微信公众号、微博、抖音、快手、百家号、大鱼号等平台的具体推广。

第六，寻找市场合作伙伴，这是一项具体的外部合作工作，也是推销融媒体平台的一种方式，是融媒体运营的一项重要工作。

第七，分析市场动态，收集市场信息，给决策者提供相关数据。与此同时，定期总结市场、撰写运营报告。

如果企业融媒体运营者拥有以上几种能力，并且达到岗位要求，也就能做好运营工作。

四、推广分发产生的传播效果

我认为，推广分发一定会产生效果，只不过是效果好坏的问题。那么推广分发到底能达到怎样的效果呢？其可能达到的效果有以下几种。

1. 内容持续保留

融媒体分发内容保留的时间越长，传播效果就越好。现实中，许多人都爱撰写文章，甚至撰写的文章质量和水平都很高，但是，因“某些原因”被平台管理员删除。如果文章在短时间内被删除了，这就是一次失败的推广分发。不仅浪费了时间，而且打击了内容制造者的自信心。因此，融媒体推广运营人员要了解平台规矩，避免内容被删除。

2. 亮眼的标题持续吸引关注

文章的标题很重要，如果标题亮眼，就能吸引人。需要提醒的是，文章不仅要有吸引关注的标题，还要有与之相对应的内容。如果是“标题党”式的文章，很容易触碰“红线”。只有内文和标题都很亮眼的文章，经过推广分发，才有可能产生巨大的社会效应。

3. 向用户传递价值

记得疫情期间，有一家新媒体公司制作了一系列的抗疫纪录片，并且斩获了千万级别的点击率，不仅赚足了流量，而且向中国老百姓传递了抗疫的正能量。换言之，健康的、积极的内容，如果得到广泛推广与转发，就会产生巨大的社会效应，并且向用户传递价值。用户也会广泛转发自己喜欢的内容，产生裂变效应。

4. 继续提升流量

推广分发内容的主要目的就是提升流量。通常来讲，推广分发的次数越多、范围越大，流量就越容易得到广泛提升。推广分发内容也是有技巧的，现简单说明几个推广方式。

（1）付费广告。

这是一种非常常见的商业推广方式，许多企业媒体在初期运营阶段，都会选择付费广告，直接交给商业推广公司进行推广。这是一种“短平快”的方式，唯一的缺陷是“花钱”。当然，“花钱”并非坏事，如果投入与产出呈正比，这种付费广告的推广方式是简单可行的，且每一家企业融媒体都有相应的推广开支。

（2）关键词。

众所周知，许多企业都在做百度关键词。只要人们在百度中输入关键词，在检索过程中就会快速跳转出该页面……当然，这种方式也是需要花钱的。

（3）媒体广告。

媒体广告有传统媒体广告和新媒体广告。无论是硬广还是软广，都会起到相应的作用，并为企业融媒体内容带来流量。需要提醒的是，媒体广告需要反复播放、持续推广。推广的次数越多，越深入人心，如脑黄金的“广告轰炸”，就产生了巨大的商业效应。

（4）分众媒体。

分众媒体也是当前十分流行的推广方式，分众媒体追求互动传播，兼顾广告主与相关者（包括媒体和目标受众）的共同利益，充分利用媒体的特性，将目标受众有序地纳入企业广告的价值工程，即以有限的广告预算可靠地实现广告信息的传播。由此可见，这种方式也是一种非常好的增流推广方式。

除了上述四种推广方式外，还有许多种分发推广方式，因篇幅内容有限，不一一介绍。

第十一章　企业融媒体的管理与产出

一、企业融媒体的集成管理

魏岳江有一篇名为《融媒体发展重在整合资源，造融媒平台现集群效应》的文章发表在《中国新闻出版广电报》上，文章中有一段话非常中肯。“面对融媒体发展的新阶段，我们必须坚持传统媒体和新兴媒体优势互补、一体发展原则，大力推进传统媒体和新兴媒体在内容、渠道、平台、经营、管理等方面深度融合。而建立融媒体集团或集群或中心，统筹管理新兴媒体传播终端出口，有利于传统媒体积极主动适应融媒体发展的新理念、新认识、新思维，保持自身的内容为王优势，解决新兴媒体平台分散经营、建设投资较大，传播终端出口较多、纵横交错、相互交叉重叠等问题，避免新闻内容生产重复传播，克服同质化发展的倾向。通过建立相关规章和合理的组织架构，使新闻产品在集团、集群或中心的不同载体和终端上得到合理分配，由各载体和终端对信息资源进行合理使用，可尽快解决新媒体独立发展、各自为政、技术平台不能共享等问题。”

在这里，也就产生了一个集成管理的思路。什么是集成管理？百度百科给出这样的解释：集成管理就是一种效率和效果并重的管理模式，它突出了一体化的整合思想，管理对象的重点由传统的人、财、物等资源转变为以科学技术、信息、人才等为主的智力资源，提高企业的知识含量，激发知识的潜在效力成为集成管理的主要任务。集成管理是一种管理思维，它与融媒体思维有相似之处。企业融媒体在管理方面，非常有必要去借鉴集成管理的思维以提升融媒体平台的运行质量和产出效率。企业融媒体还应借助科技手段、信息手段和人才的力量，提升企业的知识含量、企业品牌和企业形象。那么，融媒体管理者如何才能在实战中采用这种集成管理的模式呢？

1. 科学构架、资源共享

前面章节中，我们用大篇幅的内容讲述融媒体的构架和组成，其中也包括各岗位人员的选择。但是，这仅仅是一个“粗线条”的描述，或者是一种“常规”的构架。所谓科学构架，还要反复推演，用构架模型来说明问题，让每一个岗位的员工都能有效利用资源。管理者要减少资源的自然消耗和人为消耗，让所有的部门都能享受到资源。如果融媒体内部的构架存在问题，各个部门、岗位资源分配不公，就会严重阻碍融媒体平台的运营。集成管理就是要体现科学构架和资源共享。

2. 整合平台、以强带弱

不管是传统媒体还是自媒体，只要进了融媒体平台，就需要整合到一起，发挥它们的整体优势。每一种媒体形式都有自己的“优势资源”，当它们聚合起来，就能形成一种羊群效应，解决资源分散、各自为政的问题。与此同时，融媒体平台的管理者要采取一种运营战术和思维，即以主流带非主流，以强带弱。主流媒体仍旧有着强大的生命力，融媒体平台的管理者依旧需要坚持这样的原则，将主流媒体设定为“排头兵”，让“排头兵”在前面开路，给其他形式的媒体开疆拓土，提供生存发展的机会。以强带弱或者以大带小都是这样的道理，这样才能让融媒体在广阔的现代媒体环境下扎根生存，焕发生命力。

3. 统一规范、集中管理

既然是集成管理，就要体现出“集成”二字。集成，也有集中、统筹的意思，统一管理、统一规划，按部就班。虽然我们常常提到“创新”二字，但是在管理这条道路上，统一规范、集中管理往往是“屡战屡胜”的法宝。融媒体平台要在此基础上建立一套完善的协调机制。

如果我们的融媒体管理者能够做好以上三个方面的工作，也就能够在融媒体管理上体现集成思维，提升融媒体的管理运营质量。

二、企业融媒体项目的进度规划与管理

如果把融媒体当作一个重要的项目，企业管理者还需要对融媒体项目有一个整体而科学的规划，尤其在进度推进方面，就像许多企业有自己的

规划。项目进度规划是针对项目的具体而科学的规划，让融媒体项目的进展符合科学逻辑，也能让管理者见证它的成长。管理者能在项目成长过程中给予补充和改进，让融媒体平台发展得更加成熟。

项目进度规划与管理是一门学问，也叫项目进度管理学。它的具体定义是，组织者采取科学的管理方法确定项目进度目标，然后将其编入推进计划，在相关事务、人力协调一致的情况下，实现并推进计划目标。项目进度管理学主要体现了两个特点：一是规定时间内制订出合理的计划；二是执行计划并检查相关进度，继而确保目标任务完成。

有人问："融媒体项目的进度规划与管理，到底有怎样的价值？"在我看来，项目进度的规划与管理确实有很大的价值。

价值一：可以确保目标时间内完成计划任务。只有保证单位时间内的项目推进，才能在目标时间内完成融媒体项目建设。项目可以推进得快一点，但不能无限期地拖延下去。有人说："可以提前，但绝不能延迟。"提前完成融媒体项目，就会提前帮助企业进行宣传与推广，让企业受益。

价值二：体现资源高效利用。通常来讲，项目推进缓慢，多半是遇到了各种各样的问题，比如资源短缺、资源利用不足的问题。如果一个项目能够保质保量推进，也从某个角度上说明，企业管理者做到了资源的高效利用。管理者学会了项目进度规划与管理，对整个企业的建设也有巨大的帮助。许多企业不仅有融媒体项目，每年还有其他新项目。

价值三：节省项目成本。在我看来，在某个特定时间内完成项目建设，就是一种控制项目成本的方式。如果项目没有完成，一直在拖延，每拖延一天就会产生额外的成本，拖延的时间越长，项目成本也就越高。众所周知，许多企业项目都因无限期拖延而终止。无限期拖延会给企业带来灾难性的后果。因此，企业管理者想要节省融媒体项目的成本，就要启动项目进度管理方案。

价值四：检验融媒体项目团队的能力。如果一个项目团队具备一定的本领，就能在计划时间内完成项目。如果完不成项目，绝大多数是团队出了问题，需要及时调整团队，甚至重新搭建团队。对于融媒体而言，团队是最重要的，没有团队的参与，单凭某个人的力量无法运转整个融媒体项目。融媒体需要运营、技术、内容的结合，而三个重要岗位的人员是融媒体团队的重要组成部分。融媒体项目进度管理，也是对融媒体项目团队的一次深入检验。如果项目推进顺利，能够提前完成融媒体项目平台的搭建，该融媒体团队也就具备长期运营融媒体项目的能力。

融媒体项目的进度规划与管理，到底该怎么做呢？这方面涉及项目进度管理学的学问，具体步骤有以下四步，我简单介绍一下。

第一步，项目结构分析。企业管理者要在筹备融媒体项目的时候，提前对融媒体项目的结构进行分析，详细掌握整个项目的结构、实施过程和相关细节，然后对项目进行分解，并且画出项目结构示意图。

第二步，编写项目进度计划书。编写项目进度计划书是非常重要的一步，管理者根据融媒体项目计划，依据项目要求和项目特点，结合项目的内外部条件，客观分析现状，合理制订项目进度，并编写成项目进度计划书，然后将项目计划进行层层分解，落实到人。

第三步，成立项目进度管理小组。许多企业都会在新项目建设之前，单独成立项目进度管理小组。通常而言，项目进度管理小组由管理者、运营者和相关技术人员组建而成，继而确保项目建设的进度和状态。

第四步，制订项目管理进度流程。如果企业融媒体项目有了计划，也有了时间进度，甚至也有了管理小组，就需要将所有的管理通道形成流程，借助流程去管理和控制项目，而不是完全依靠“人”去管理。

如果我们的企业管理者能够做好融媒体项目的进度规划与管理，就能在计划周期内完成融媒体项目平台的搭建。

三、企业融媒体项目的成本管理

做任何事情，都要考虑成本。对于一个企业而言，筹备搭建融媒体平台，是为了给企业做宣传，以及帮助企业做营销。从某个角度看，融媒体相当于一个赚钱与推广的工具。如果企业搭建融媒体采取了“不惜一切代价”的形式，那就失去了意义。因此，企业管理者需要做好相关的成本管理，在投资成本范围之内，完成企业融媒体的搭建。

管理大师德鲁克曾说：“收入当然可以当作支持成本的资金。但除非管理者能不断将其精力投入到那些能创造收入的活动中，否则成本就会被不知不觉地用在那些毫无生产力的事情上，徒劳无功。”在我看来，融媒体平台是一个“生产力单位”，它并不是一个只有投入、不出结果的平台。有人问：“融媒体的产品是什么？”融媒体产品是一种无形的产品，但是这种产品依旧有非常大的潜在价值。对于企业管理者而言，他们只需要做好融媒体项目的成本管理工作，然后将运营、技术、生产等工作交给其他人放手一搏，也就能把融媒体平台做好。如何才能做好融媒体项目的成本管理呢？其实，管理融媒体项目的方式和方法与管理一个企业的方式和方法如出一辙。企业管理者或者相关财务人员找出融媒体项目的所有成本“出处”，就能按项控制成本。

筹划并搭建融媒体平台，其成本主要在哪里产生？管理者或者相关财务人员应该要分析融媒体的成本构成。通常而言，融媒体的成本构成如下。

1. 设备采购成本

融媒体是一个媒体平台，会使用一些与媒体相关的设备，购置这些设备就会产生购置费用。通常来讲，融媒体设备的采购成本占总体项目成本的一半以上，这也是成本的主要控制目标。企业购买什么品牌的设备，什么价位的设备，都需要进行评估。由于融媒体设备属于市场较为常见的设备，如电脑之类，设备价格相对比较稳定，成本控制起来较为容易。当融媒体项目成立之后，及时进行设备维护、保养，也是节省成本的一种方式。

2. 人工成本

融媒体项目成立之后，就会产生人工成本。比如，企业需要根据岗位情况招募具有相关能力的员工，并给予其薪水、福利等。融媒体项目成立之后，企业组织需要从工资与利益的关系角度出发，尽量减少单位产品中的工资比重……其中最重要的目的在于提升劳动效率，最常见的方式就是绩效考核，让岗位员工人人有考核目标。绩效与工资和福利直接挂钩，这也是控制人工成本的好办法。

3. 生产成本

融媒体不仅是一个平台，还是一个生产单位，其产品就是与企业相关的各种媒体产品。融媒体生产内容包括文字、图片、视频、直播等。企业管理者需要积极协调内容生产岗位之间的关系，提升内容生产的数量和质量，维护并保养相关的融媒体设备，继而起到控制生产成本的效果。除此之外，在广告代言方面，有些企业可以采取“不请明星代言”的方式。每一个“决策”，都可能影响融媒体产品的成本。

4. 运营成本

运营成本也是很重要的成本，比如某企业开展某个专项活动，活动的运营就会产生成本。还有一些企业与明星等合作，在运营该项目的时候，也会产生较大的成本……另外，相关人员的出差、采风等，都属于项目运营范畴，项目开支内容非常多，需要由专业人员进行列项，也决不能忽略任何“跑”“冒”“滴”“漏”的成本。

如果我们的企业管理者，能够控制好设备采购成本、人工成本、生产成本和运营成本，也就能控制好整个融媒体项目的成本，从而实现“以小成本做大事”的目标。

四、企业融媒体项目的质量管理

一提到项目或质量，许多人就会马上想到质量认证体系。是的，许多企业都在做质量认证体系方面的工作，或者用质量认证体系的方法去加强企业管理的质量，继而达到相关的标准。企业融媒体项目，也需要加强质量管理。质量管理的方法有很多种，融媒体管理者选择一种成熟的质量管理方法也是可以的。下面，我们借助几个常见的关于项目质量的问题，进行一一作答。

1. 融媒体设备运营正常吗

如果融媒体设备的运营是正常的，只需要按时保养即可；如果融媒体设备运行不畅，就需要及时检查设备、维修设备或者更换设备。生产设备将直接影响产品质量。

2. 撰写的文章、拍摄的视频、进行的直播是否被投诉

现实中，文章、视频、直播内容被用户投诉的情况非常常见。如有人撰写微信公众号文章，文章就会因为各种原因被人投诉。对于撰写相关文章的融媒体工作者而言，撰写文章前，一定要了解平台的要求和法律规定。做视频内容、直播内容前也是如此。如果融媒体内容被投诉，一定是存在“问题”的。只有找到“问题”，才能想办法解决“问题”，从而提升文章、视频、直播内容的质量。

3. 经常忙于质量救火

经常忙于质量救火，说明了许多问题。一个项目平台，“救火”组织是永远不可或缺的，甚至是不可替代的。但是，“质量火灾”经常发生，就需要查找原因，明确是人为因素，是设备因素，是流程因素，还是其他方面的因素。想要解决项目质量问题，就需要全面进行检查，并进行修正、优化。

4. 质量体系混乱，标准不统一

这也是一种常见的现象。如果在融媒体平台中，内容生产部门、管理运营部门和技术部门的质量管理标准存在不一致的现象，质量体系就会混乱，因此也就会带来各种各样的问题。记得有一家企业的融媒体中心，各个部门都有招聘员工的权限，内容生产部门招聘的员工素质没有达到原本企业设置的红线，最后导致媒体策划方案落后，质量不高，在占用资源的情况下，无法给企业提供更优秀的媒体文案。还有一家企业的融媒体平台招聘了运营本领一般的管理者，由于其能力有限，无法提升融媒体的运营水平，给企业造成了额外的损失。总之，企业融媒体要有一个标准统一的质量体系，甚至有必要直接引进质量认证体系，每年做一次大的检查，也可以邀请外部专业机构帮助企业融媒体做质量认证，提升融媒体项目管理质量。

5. 新项目开发出现问题

对于一个融媒体平台而言，不断扩大自己的融媒体阵容是非常常见的一件事。如果融媒体平台开发了一个新媒体项目，通常也会进行论证、测试。如果遭遇问题，也会在正式公开运营之前解决问题。在这里，我们主要强调的是要及时进行论证与内测，不要盲目运行新项目，而要在经过反复尝试以至于熟练并形成工作岗位经验之后，再去公开运营。许多地方融媒体都曾经遭遇这样的问题，尤其是内容生产岗位的员工。因此，要坚持在新项目开发中进行论证、内测等工作，继而确保融媒体项目的运营管理质量。

6. 内容产品给企业带来了损失

有人问："难道融媒体的内容产品也会给企业带来损失吗？"我想，这种可能性是存在的。因为，融媒体平台所发布的任何一个内容，都会给企业带来直接影响。好的方面就是，企业的品牌和产品会得到广泛传播；不好的方面是，企业品牌和产品会遭遇质疑。因此，融媒体项目的建设者和具体项目的运营者，都需要在产品内容发布之前，加大审查力度，将任何一种可能带来损失的因素都扼杀在摇篮里。只有这样，内容产品才具有正面价值，而不是负面价值。

当然，以上六个问题仅仅是极为常见的质量问题。企业融媒体管理者，可以邀请专业团队帮助融媒体平台进行梳理，找出可能存在的"问题项"，然后一一优化、改善。通过这样的方式，企业融媒体项目的运营质量就会得到提升。

五、融媒体管理人员的能力素质模型

企业需要管理者，团队需要管理者，融媒体也需要管理者。所谓“管理”，就是“管”与“理”的结合。融媒体的管理者既要统领整个融媒体队伍，还要将团队中的各种关系以及工作中的各个环节理顺。因此，融媒体管理人员要具备以下能力素质。

1. 大局意识

管理者要具备一种大局意识，一切都围绕着企业发展，不能为了自己的私心而去做一些“不道义”的事情。管理者只有顾全大局，才能让融媒体的整体利益不会被损害，也才能让企业的整体利益不会受到损害。大局意识还体现了一种大胸怀，能够容纳一切，能够拥有宽阔的视野，不会局限在某个场景内，更不会为了“局部”而牺牲“整体”。因此，大局意识是融媒体管理者最需要的。

2. 前瞻能力

融媒体是一个可以包容一切的新兴事物。时代在不停发展，未来还将有更多新的媒体形式出现，或者也将有一些传统媒体形式走向灭亡。因此，融媒体管理者需要具备一种前瞻能力，能够对未来将要发生的事情做出预判。这种前瞻能力，不仅是一种可以推动革新的能力，还是一种可以帮助团队规避风险的能力。

3. 洞察能力

所谓洞察能力，就是一种透过现实看本质的能力。许多人看不清事物背后的真相，因此就会深陷迷茫，久久不能自拔。但是，组织管理决不能被表面现象所迷惑。如果一个管理者被表面现象所迷惑，就会引发一系列错误决策。错误的决策会引起灾难性的后果。如果一名管理者不具备洞察能力，也就很难做出正确的决策。

4. 领导能力

领导能力是一种综合能力，它主要体现了三个方面，即用权能力、人格魅力和其他能力。

用权能力：权力的使用是一门艺术。用得太多，天平会失去平衡；用得太少，可能会把控不住局面。聪明的领导者既懂得如何控权，也懂得如何放权，控权与放权存在一种很微妙的关系。

人格魅力：通常来讲，一名管理者如果拥有非常好的亲和力，也有一种权威光芒在里面，便能深受员工的尊重与爱戴。因此，他说的话具有一定的号召力和影响力，这就是一种人格魅力。如果一名管理者没有人格魅力，他的权威地位就会遭受挑战，也就没有员工听从他的指挥，更无从谈及管理。

其他能力：人们常常提到的沟通也是一种能力。一名管理者一定要懂得如何沟通，如何用沟通的方式解决问题，而不是用行政命令的方式解决问题。除了沟通，管理者要懂得如何去激励员工，让员工拥有勇气和拼命作战的能力。有一位企业家说："我每天都会深入一线，与我们的员工一起工作。工作之余，我要向他们学习，表达感激之情。同时，我会激励、表扬他们，他们确实比我做得好，付出更多。"正因如此，这家企业有超强的凝聚力，企业发展十分迅速、惊人。

5. 学习能力

一名管理者，必须要与时俱进，尤其是一名融媒体管理者。融媒体是时代的产物，随着时代的发展，它也会发生巨大的变化。因此，管理者要不断学习，与时代保持零距离，能够掌握新思维、新技术……虽然管理者主要的职责是管理，但是他必须懂得融媒体的新技术、新方向。只有这样，融媒体管理者才能带领融媒体平台不断进化，不断拥有新力量。

6. 风险意识

如果一名管理者是一位彻头彻尾的"乐观主义"者，恐怕不是一件好事。古人言："生于忧患，死于安乐。"一名优秀的管理者，一定要有风险意识，懂得居安思危的哲理，常常反思，常常对融媒体平台进行风险评估，拒绝一切风险，想尽一切办法规避风险，打造风险识别系统和风险控制系统。

除此之外，企业管理者还要具备一些良好的品格，例如坚韧，坚韧是一种宝贵的品格，它具有一种传染作用。管理者也要拥有务实的工作作风，只有拥有务实、踏实的工作作风，才能让自己的管理工作落地，并提升整个融媒体团队的执行力。

六、实力和资源，融媒体团队产出的关键

如今，许多从事自媒体的年轻人摇身一变成为网红，吸金无数。一方面，这是时代所赋予的，如此多的平台给他们提供了展示自己的机会；另一方面，许多优秀的自媒体人也是优质内容的输出者，反哺了平台。这几年非常火的自媒体玩家，优质内容的输出者李子柒，其网络视频火遍大江南北。李子柒火了之后，央视新闻专门给出了这样的评价：没有热爱就成不了李子柒。同样，没有热爱也看不懂李子柒。如果说她的作品我们中国人多多少少都会感到熟悉，那外国人呢？他们完全都是带着好奇就成就了李子柒的海外传播奇迹吗？不是，不是好奇，而是他们看懂了李子柒的热爱，李子柒的视频也触动了他们心底里的热爱。这种热爱是相通的，也解释了为何李子柒的很多作品完全没有翻译却依旧火遍全球。除了央视新闻报道了李子柒，甚至连《人民日报》也发表了评价：李子柒的视频不着一个英文字，却圈了无数“国外粉”。春耕夏种秋收冬藏，一箪食一瓢饮，到底是真实生活或者精心演绎其实不重要，重要的是它所表达的中式生活之美，在赏心悦目之际让人愿意接近。无声胜有声，李子柒的样本意义，决不应被忽视。

无论怎样的文化，想要让别人理解，必先打动人。中国几个主流媒体对李子柒的展示做出了积极正面的评价。如今，李子柒的商业价值达到了九位数，李子柒的名字也成了一个商业大 IP。

为什么我要讲这个自媒体的案例呢？有人问："我们不是讲融媒体吗？"融媒体跟自媒体有关系吗？别忘了，自媒体也是融媒体的一部分，融媒体融合了多种媒体形式。如果企业融媒体也能做出李子柒这样的优质内容，是不是也会有很大的概率引发社会效应呢？在这里，就不得不讲"实力"二字。优质的内容，代表着一种实力。只有有实力的媒体人和团队，才能制作出优质的内容。

虽然在一些平台，也有个别靠"恶俗"博关注的做法，但是这些"恶俗"的内容，不仅无法塑造自己好的形象，而且会损毁自己的形象。正因如此，我们才需要优质的媒体内容，其中包括文字内容、视频内容、图片内容等。如果企业融媒体团队拥有超强的文字撰写能力，就可以提供优质的文字内容。同理，优质的视频内容、图片内容也需要强大的团队去呈现，这就体现了一种实力。网上有这样一句非常有哲理的话："运气有时候只是看起来是运气，其实它也是实力的一部分。"如果出名是靠运气，恐怕出名的概率比中彩票头等奖还要低。

除了实力，难道没有其他关键了吗？不！还有资源！融媒体也是一个资源整合平台。融媒体需要整合更多的媒体资源和内容发布渠道，让不同平台、不同年龄、不同性别、不同喜好、不同职业的人都能看到上面的内容。如果一个企业只有微博，是不是只有少量微博用户看得到？如果一个企业同时拥有微博、博客、微信公众号、百家号、大鱼号、头条号、抖音、快手等，是否就可以更加广泛地传播内容？如果一个企业还拥有一定的电视媒体资源、互联网网站资源、广播资源、报纸和杂志资源，是不是传播的范围就会更加广泛呢？我想，答案是显而易见的。

前面我讲到了李子柒，李子柒的视频可以在多个网站观看，甚至与其相关的新闻还出现在各个媒体的重要位置。就连一些老人，从自己的微信朋友圈里都观看了李子柒的视频，有的还在帮她转发视频……换言之，李子柒的“出圈”并非完全凭借优质内容，也与她拥有的强大的媒体资源有关。当她和她的团队充分利用这些资源的时候，也就慢慢产生了传播效应。如果企业融媒体团队拥有了生产优质内容的实力，又能依靠强大的媒体资源和资金力量，也能为企业制造流量大 IP，为企业提供更好的服务。

PART 3

融媒体的内容设计创作与相关案例

第十二章 融媒体的内容设计创作

一、融媒体项目的市场调研与考察

通常来讲，一个企业想要搭建融媒体平台，前期就会进行一次高质量的市场调研。作为一个新项目，融媒体有着广阔的市场前景……但是对于一个企业而言，它是全新的，它需要企业管理者真正认识它，感受它，接纳它。融媒体项目的市场调研与考察的过程，也是近距离接触融媒体、认识融媒体、感受融媒体的过程。那么企业应该如何调研、考察融媒体项目呢？通常，企业可以从以下几个方面入手。

1. 了解融媒体发展现状

我们前面已经解读了融媒体的现状，融媒体是一种全新形式的媒体，是综合媒体，更是一种媒体资源整合的平台。融媒体有着广阔的发展前景，它完全可以抵消所谓的“孤岛效应”，而将媒体产品真正推送给用户。如果企业管理者之前不了解融媒体现状，在搭建融媒体平台时就需要对融媒体现状进行调研、考察。如今，许多企业、地方政府都在打造属于自己的融媒体中心，融媒体中心涵盖了传统媒体、互联网媒体等。经过近二十年的发展，融媒体的技术发展趋于稳定，市场仍在高速增长，并且形成了一条完整的供应链。换言之，当今时代已经是一个融媒体时代。

2. 近距离接触融媒体

如何才能近距离接触融媒体呢？有一个词叫“走访调研”。如果企业管理者或者相关组织人员了解到某个企业正在运营融媒体平台，完全可以去这家企业亲自感受并学习。记得有一家电力公司准备上马融媒体项目，电力公司总裁亲自率领工作人员去了一家中铁分公司的融媒体中心感受融媒体，学习融媒体，总结融媒体的价值。该电力公司老板通过近距离感受融媒体，发现了融媒体的价值，并找到搭建融媒体平台的突破口。这位公司老板说：“如果没有近距离接触融媒体，我也就无法了解融媒体，甚至无法找到搭建融媒体平台的突破口。”融媒体对于一个从来没有相关经验的企业而言，完全是一个陌生的事物。调研与考察，就是了解与熟知。就像廊坊广播电视台发表的一篇名为《地方融媒体发展情况调研分析报告》的文章中写道：从调研情况来看，目前融媒体中心普遍采取全媒体布局的形式推进媒体融合发展，选择以“中央厨房”为中心架构的技术方案比例较高，形成“一体策划、一次采集，多种生产，多元传播”的融媒传播格局。在宣传载体上，以打通“报网端微屏”实现“多屏共振”为主要目标，多终端的传播矩阵增强融合传播效果，同时优化策采编发审工作流程，着力推进人事、绩效、宣传、采编等各方面的体制机制改革。

3. 进行融媒体市场分析

每个人、每个企业对融媒体的认识有所不同，想要真正建设融媒体中心，还需要做与之相关的市场分析。也就是有人问的这个问题："融媒体的市场前景到底有多大？"

中亿财经网的作者艾坤猛在一篇名为《中国融媒体发展现状及前景分析》的文章中指出：近年来，中央级媒体发挥领跑带头作用，加大融合力度，"爆款"频出。地方各级媒体发展也各具特色，亮点不断。伴随着媒体融合深入推进，传统媒体开始植入互联网基因，坚持以用户为中心，内容为本，移动优先，不断推出引爆全网的优质新闻作品，新闻舆论工作气象一新……2018 年 3 月始，中央广播电视总台按照"台网并重、先网后台"的思路，持续推动"三台三网"加速融合，三端共同发力，实现传播效果最大化。中央广播电视总台央视分组成员、副台长孙玉胜介绍称，截至 2019 年 2 月，央视新闻新媒体全平台累计用户数近 4 亿人，央视网多终端月度覆盖用户达 14.6 亿人，央广网全平台累计覆盖用户 3.2 亿人，国广多语种社交账号"粉丝"总量 1.4 亿人。总台 IPTV（交互式网络电视）总平台用户数达 1.05 亿人，成为全球最大的 IPTV 平台。

这说明了融媒体拥有广阔的市场前景。对于企业而言，企业管理者可以亲自进行融媒体市场调研，了解融媒体市场前景，分析融媒体的市场价值。总之，只有企业组织者和管理者真正了解了融媒体，才能动手搭建融媒体平台。

二、融媒体项目的选题策划

融媒体项目的选题策划，在整个融媒体项目的运作过程中，是非常重要的一个环节。换言之，选题策划做得越好，整个融媒体项目的运作成功率就会越高。许多媒体平台有自己的特色，如果选题策划做得不好，特色不突出，就会影响推广。经营抖音账号的媒体人都知道，一个爆款视频往往与选题有关。一个媒体人曾经策划了一档“美食秀”节目，在抖音上走红。还有一个媒体人专门拍摄“人间仙境”，也走红了网络。总之，融媒体工作者要学会策划选题，好的选题不仅吸睛，而且自带流量。如何才能做好选题策划呢？我想，企业融媒体工作者可以从以下几个角度去做。

1. 理性规划

对于企业融媒体工作者来讲，所有的规划都必须围绕着企业进行。因此，他需要排除较多的个人感情因素，用一种理性思维去规划，尽可能地客观呈现企业。与此同时，融媒体工作者要深入挖掘企业蕴含的宝藏，全面呈现企业的精神内核，并形成一整套文化传媒体系，最后选择一种最恰当的传播方式，及时进行内容传播。

2. 多部门联动

融媒体有三个重要部门，即团队运营部门、核心技术部门、内容生产部门。内容生产部门还有许多岗位……在选题策划的过程中，这些部门的成员都要行动起来，每个部门都要拿出自己的方案，然后再去协商、沟通，确定选题的方向。一个优秀的案例，往往都是多部门联动的结果。各个部门都有自己的优势，集中这种优势，才能找到最好的选题策划方向，也才能将这些优势完全发挥出来。

3. 保留底线

为什么我们要强调底线？因为越过了这个底线，就会毁掉自己的平台。如今，个别媒体人为了流量，不惜突破底线，甚至为了博得关注而挑战法律。虽然短时间获得了流量和关注，但是很快就出现严重的问题。除了保留底线，融媒体方案的策划者还要确保方案的真实性，而不是为了博关注“胡编乱造”，严重偏离事实。只有最真实的事件，才会打动人。

4. 坚持正确的舆论导向

只有站在正确的政治高地上，策划的方案才是有社会价值的。对于一个企业而言，无论策划的方案是怎样的，都要坚持正确的舆论导向，弘扬正确的价值观，提供一种积极的生命态度，做社会正能量的传递者。如果能够坚持正确的舆论导向，结合社会热点，就可以策划出具有时代气息的方案。

5. 贴近生活

随着融媒体技术的发展，人们可以借助这些技术生产更加优质的内容，但也有一些媒体人生产一些魔幻的内容，这些内容表面上非常好看，也非常吸引人，科技感非常强，但是如果把握不到位，有可能适得其反。对于企业融媒体而言，无论是文章、视频还是直播，应尽量选择贴近现实、贴近生活的内容。企业融媒体面对的是一群潜在的消费者和合作者。企业融媒体又不同于个人自媒体，要注意功能有所区别。

6. 有创意

传统的媒体策划方案，恐怕已经无法引起观众的兴趣了。因此，选题策划团队要体现创意，不断挖掘新的关注点，不断尝试新东西，创作出与众不同的媒体内容。只有这样，企业融媒体策划方案才有生命力，才能获得更多的关注与点击。

我们的企业在做选题策划时，只有坚持做好以上内容，才能策划出优秀的、有生命力的方案，从而推动企业的品牌建设与文化、产品的推广。

三、融媒体项目文案撰写

优秀的融媒体项目文案的撰写，并不是一朝一夕就能实现的。文案的撰写，一方面需要一定的技巧，另一方面也需要一个人长期的生活积累、知识积累。文案撰写也是一种写作，许多文案高手都有数年以上的写作经历，当然还需要一丁点天赋。对于那些喜欢文案撰写工作的人而言，有些困难，他们自己就会想办法克服。

文章好与坏，是否有标准？标准是有的，但是标准也仅仅是某个方面的。著名作家纳博科夫曾经说过：“虽然读书时用的是头脑，可真正领略艺术带来的欣悦的部位却在两块肩胛骨之间。可以肯定地说，那背脊的微微震颤是人类发展纯艺术、纯科学过程中所达到的最高的情感宣泄形式。”其实，这也是一种标准，可以触发读者情感的就是好的。无论如何，文案撰写都需要强调三个元素。

1. 细节

好的文案一定有好的细节。有这样一句话：“细节是一种创造，细节是一种功力，细节表现修养，细节体现艺术，细节隐藏机会，细节凝结效率，细节产生效益，细节是一种征兆。”注重细节的文案，就会给读者留下好的印象。比如，美国作家伍尔夫的《到灯塔去》的一段描写：她面对着一望无际的蔚蓝色的大海；那灰白色的灯塔，矗立在远处朦胧的烟光雾色之中；在右边，视力所及之处，是那披覆着野草的绿色沙丘，它在海水的激荡下渐渐崩塌，形成一道道柔和、低回的皱褶；那夹带泥沙的海水，好像不停地向杳无人烟的仙乡梦国奔流。这段描写非常精彩，且体现出细节，每一处细节都给读者留下深刻的印象。因此，文案撰写的过程是一个雕花的过程，注重细节，把粗糙的语句变成细腻的文字，这样的文案才可能是优秀的文案。

2. 联想

一个优秀的文案能够引发读者联想。当然，这样的文案或许只有真正的“进阶级”高手才能完成。如何才能让自己的文案引发读者联想呢？文案可以描述一种“感觉”。文案中每一个细节、每一个点都可以串联起来，形成一种画面，这个画面能够引发读者的猜想，让读者继续读下去。就像一首古诗写的：横看成岭侧成峰，远近高低各不同。读到这里，人们的脑子里就会出现一个画面，甚至会问自己：“这到底是哪座山？”

3. 故事

前面我多次提到“故事”二字，一个文案就是一个故事。具有故事性的文案，通常可以给读者带来更多的吸引力。一个文案高手，一定是一个故事大王。如果你不会讲故事，恐怕也就无法呈现优秀文案。特仑苏有一则著名的广告语：“世界上最闲逸的雕刻室，在希腊的爱琴海，我在那里雕刻时光；世界上最恬静的图书馆，在阿尔卑斯的莱芒湖，我在那里阅读心绪；世界上最旖旎的舞台，在圣多里尼的海蓝屋顶，我在那里演绎回忆；世界上最悠长的跑道，在夏威夷的梦幻海岸，我在那里驰骋灵感。”还有一句：“不是所有的牛奶都叫特仑苏。”特仑苏的文案，就是讲述温暖的故事，它的文案也在中国乳品行业广为传播。

如果我们的融媒体文案高手注重细节，擅长营造让读者产生联想的场景，把故事讲好，就能呈现出优秀文案，为企业品牌塑造贡献力量。

四、融媒体项目的取景

融媒体题材离不开文字、图片和视频，涉及取景的项目就包含了图片和视频。图片和视频的取景既有相似之处，也有不同之处。图片取景，特指摄影取景。一张优质的图片，需要摄影师选择好角度，然后借助摄影技术拍摄出来。视频取景更加专业，需要有拍摄、编导经验的人直接参与。有人问："难道外行没有办法做融媒体项目的取景吗？"我想，取景的"入门"并不难，难在"进阶"。

拍摄取景的方法，其实也很简单，它需要借助一些设备、软件等来完成，具体方式如下。

1. 拍摄设备的选择

拍摄需要设备，拍摄视频可以选择 DV（数码摄像机），拍摄图片可以选择微单相机或者单反相机。除此之外，现在人们所使用的智能手机也拥有强大的拍摄功能，曾经有人用苹果手机拍摄微电影，呈现效果也非常好。拍摄设备的选择非常广泛，只要能达到拍摄要求，普通的、专业的设备都可以。

还有一些企业为了追求更加好的拍摄效果，会购买无人机等设备进行航空拍摄。

2. 录音设备的选择

如果是拍摄视频，或者视频录入，就需要寻找比较好的录音设备进行录音。后面单独一节将会具体介绍，这里先不展开说明。

3. 处理软件的选择

如今，有各式各样的处理软件。许多年轻人会选择用电脑上的视频（图片）处理软件进行修饰；还有一些手机达人选择手机上的软件。不管如何，视频拍摄完毕之后，需要进行剪辑、合成，或者在剪辑过程中需要进行取舍。这也需要拍摄者选择更多的位置去取景，在剪辑过程中进行二次选择。针对图片内容也是如此。

除了上述设备、软件的选择外，拍摄者需要掌握一定的拍摄取景的技巧，或者培养拍摄审美观念，以在有限的空间内选择到更好的拍摄取景的位置，然后取景。闻名世界的摄影大师布列松在摄影取景方面，提出了瞬间理论，这套理论也非常适用于融媒体摄影师的拍摄取景。

4. 强调“主从关系”

取景时要注意“主从关系”。任何一个题材，都有一个主要的“拍摄物”。如果是拍摄人像，人就是取景的“主角”，其他素材都属于“配角”。所有的“配角”都是给“主角”服务的，在提供衬景的前提下，凸显“主角”的立体感和画面感。

5. 寻找“对比物”

拍摄过程中，选择“对比物”也是非常有用的。如果在拍摄过程中，“主角”旁边恰恰有非常好的“对比物”，就会令整个取景中的“主角”显得更加好看。对比就是为了提升拍摄效果，衬托“主角”的主体感。还有一些摄影师喜欢多个角度拍摄同一个“主角”，然后对比选择摄影图片，筛选取景位置，这也是一种拍摄经验。

6. 借助光影

蜂鸟网有一篇名为《绝密 5 招 摄影大师布列松教你如何构图》的文章，文章中写道：“街头摄影有着其他摄影风格没有的优势，就是丰富多元的光源。有经验的街头摄影师很善于观察光源，他们善用光与阴影的关系来凸显主题，光与暗强烈的对比，除了能将亮处的主题更凸显之外，也能强化阴影处的对象，善用光影可以让照片的层次变得更丰富。”众所周知，许多画家在素描时，也会用这种光影的方式展示作品的立体感。

7. 尝试构图

取景的过程，也是一个构图的过程。摄影方面有一个“黄金三分法”，就是将景象均匀分成三个部分。除此之外，还有“对称法”和“对角线法”等构图方法，融媒体摄影师可以根据实际取景的状况选择自己认为合适的构图方法。

如果我们的融媒体摄影师在取景过程中，能够掌握以上内容，也就能做好拍摄取景工作，为融媒体平台提供优质的图片和视频。

五、融媒体项目的画面拍摄

取景与拍摄，是融媒体的两项重要工作。取景，与摄影师的技巧和审美有关，画面拍摄也是基本如此。因此，融媒体摄影师在摄影或者拍摄视频画面的时候，也要掌握画面拍摄的技术并具备与之相关的审美能力。

1. 虚化技术

许多著名摄影师拍摄的作品，都会体现虚化的艺术效果。日本著名摄影师森山大道的摄影作品常常给人一种摇晃、模糊的感觉，这种风格就是虚化技术艺术处理的结果。忆美时尚有一篇名为《摇晃，模糊，失焦——〈森山大道：Pop Noir〉特展带你走进摄影师的黑色幻梦》的文章，文中写道：森山大道质疑并重新定义了摄影。他的早期作品挖掘了日本在工业化都市中的泛滥扩张、衰败与神秘。而作为《Provoke 挑衅》刊物的重要成员，森山大道也定义了与当时传统背道而行的“颗粒、模糊、失焦”美学：粗糙、高反差的表现手法，就像猎人一样在世界中游走，反应式地捕捉着现实生活与图像的瞬间。

虚化处理，往往让拍摄画面里的主体更加清晰，甚至更具美感。影响虚化的三大元素是机位、光圈、焦距。在日常拍摄训练过程中，摄影师要勤加练习，找准机位、光圈、焦距三者之间的关系，营造出更好的画面感，借助虚化技术，将拍摄画面艺术化。

2. 慢门拍摄

慢门拍摄也是一种常见的摄影技术。有些人非常喜欢拍摄瀑布，采取慢门拍摄就能拍摄出丝绸般的质地。什么是慢门拍摄呢？顾名思义，慢门拍摄就是延长快门获取长时间的曝光，从而记录一个时间段的画面变化效果。许多时候，人们在拍摄画面的过程中，会直接选择所谓的“智能模式”，但是这种“智能模式”往往是快速曝光的，拍摄出来的画面由于曝光不充分，画面质感不强。一些优秀的摄影师则不然，他们会在拍摄某些特定画面的时候，选择慢门拍摄，尤其是在拍摄风景和运动的物体时。采取这样的摄影技术是非常有必要的。慢门拍摄也需要摄影师掌握一定的摄影技巧，那些刚刚进入融媒体行业的年轻人应该提升自己的摄影技巧，尤其掌握慢门拍摄，以拍摄出更好的画面。

3. 打鸟技术

除上面这种慢门拍摄外，还有一种瞬间抓拍技术，这种摄影技术也叫打鸟技术。许多著名的摄影师在拍摄鸟类腾飞的瞬间时，会选择这种瞬间抓拍的技术，将腾飞的鸟儿快速定格在画面里，并呈现出非常优美的艺术效果。对于一个从事融媒体摄影的工作人员而言，掌握打鸟技术是必不可少的，即使在企业内拍摄，通常也离不开这项技术。打鸟技术对摄影器材的要求比较高，摄影师通常会选择高素质的长焦镜头，选择连续自动对焦模式去拍，防止拍摄对象丢失。

4. 注重细节

有人问："难道摄影也有具体的细节吗？"在我看来，做任何事情，都需要注重细节，拍摄画面时也要注重画面中的细节。对于一些专业摄影师而言，他们通常会借助 HDR 进行画面的细节处理。HDR 也叫高动态光照渲染（高动态范围图像），相比普通的图像，可以提供更多的动态范围和图像细节，并选择每个曝光时间相对应最佳细节的 LDR（低动态范围图像）。它能够更好地反映出真实环境中的视觉效果。因此，融媒体摄影师们可以学习使用 HDR 技术，优化拍摄画面，给融媒体运营者提供更好的方案。

5. 逆光拍摄

还有一些场景或者物体，需要逆光拍摄。所谓逆光拍摄，就是让拍摄物体置于良好的光环境下，拍摄出一种极具艺术感的画面。许多摄影师在拍摄花卉等物体时，常常会选择这样的拍摄方式。

融媒体摄影师需要掌握这些拍摄技术，以此满足企业融媒体的拍摄需求，为企业拍摄出更高质量的摄影作品。

六、融媒体项目的声音录入

融媒体项目活动中，也有许多需要处理声音、录入声音的地方，比如采访、直播等。声音录入也是一门技术，甚至是一门专业性比较强的技术。融媒体相关人员需要学习并掌握声音录入的技巧，才能完成与此相关的项目，解决与之相关的问题。

声音录入绝非仅用录音笔或者相关软件进行简单录入就可以的。在一个融媒体的工作室内，或许还需要一套声音录入的专业设备。著名的录音师汤姆林森·霍尔曼认为：声音设计就是在适当的时间、适当的位置获得适当的声音。由此可见，声音录入是一门艺术科学，仅仅录入原声是不够的，还要在最合适的时间、最合适的地点录入最好的声音，即古人讲的“天时、地利、人和”。

如今，关于录音方面的专业人才少之又少，只有个别传媒学院才开设与之相关的专业课程。因此有人担心：“企业融媒体如何找到相关人才？”随着新媒体等的出现，社会对相关人才的需求量也非常大。从企业融媒体平台招聘角度看，我想，一个企业一定能够从社会上招聘到相关人才，然后因人设岗，充分发挥人才的专业性和能动性。融媒体的相关项目类型有许多，可能有普通声音录入、动画音效录入、微电影声音录入等。因此，企业在招聘人才方面，一定要想尽一切办法招聘到优秀而技能全面的人才，把声音录入工作做好。

通常来讲，融媒体平台需要建立属于自己的录音棚，什么是录音棚呢？

录音棚都有哪些功能呢？重庆传媒职业学院有一篇名为《专业解析：录音技术与艺术》的文章，文章指出：录音棚又叫录音室，它是人们为了创造特定的录音环境声学条件而建造的专用录音场所，是录制音乐等的录音场所，录音室的声学特性对于录音制作及其制品的质量起着十分重要的作用。人们可以根据需要对其进行分类，例如，可以按声场的基本特点将其分为自然混响录音棚、强吸声（短混响）录音棚以及活跃端—寂静端（LEDE）型录音棚，也可以从用途角度将其分为对白录音室、音乐录音室、音响录音室、混合录音室等。那么，声音录入都有哪些技术呢？

1. 实况立体声录音

实况立体声录音通常选择立体声话筒，然后将声音录入专业录音机里。需要实况立体声录音的场所都有哪些呢？常见的有交响乐会、晚会、歌唱会等。有一些大型企业，每年都会举办与之相关的音乐会，也就需要实况立体声录音。这种录音技术相对简单，只要经过简单培训，相关人员就能达到项目要求。

2. 多轨录音

多轨录音也是最为常见的一种录音技术，百度百科是这样解释的："通常的做法是，录音的时候把每一个乐器分轨录进去，分别编辑后，再融合在一起混音输出，这就是所说的多轨录音。这样效果会比较有优势。录音、音乐、歌曲、声音、音效都有联系。"多轨录音需要工作人员有一定的专业技术，并且会熟练运用相关软件。

3. MIDI（乐器数字化接口）音序录音

所谓MIDI音序录音，需要借助专业的MIDI音序器，这种音序器具备数据信息编辑功能，比较适用于演员在键盘或者鼓机等MIDI控制器上演奏，输出的声音直接储存并记录到MIDI音序器上。当然，MIDI音序录音也需要专业人士进行操作，所以相关工作人员需要去学习这样的专业声音录入技术。

除了上述三种声音录入技术，还有许多与声音相关的录入技术，因篇幅有限，不再介绍。

七、融媒体项目的素材统筹

什么是素材统筹呢？简单说，就是将融媒体项目中的所有素材进行统筹管理。为什么要进行统筹管理？统筹管理都有哪些意义？统筹是一种谋略，也是一种筹划。著名的数学家华罗庚曾经用一篇文章《统筹方法》告诉了大家，何为统筹方法，文章选段如下。

> 统筹方法，是一种安排工作进程的数学方法。它的适用范围极广泛，在企业管理和基本建设中，以及关系复杂的科研项目的组织与管理中，都可以应用。
>
> 怎样应用呢？主要是把工序安排好。

比如，想泡壶茶喝。当时的情况是：开水没有；水壶要洗，茶壶、茶杯要洗；火已生了，茶叶也有了。怎么办？

办法甲：洗好水壶，灌上凉水，放在火上；在等待水开的时间里，洗茶壶、洗茶杯、拿茶叶；等水开了，泡茶喝。

办法乙：先做好一些准备工作，洗水壶，洗茶壶茶杯，拿茶叶；一切就绪，灌水烧水；坐待水开了泡茶喝。

办法丙：洗净水壶，灌上凉水，放在火上，坐待水开；水开了之后，急急忙忙找茶叶，洗茶壶茶杯，泡茶喝。

哪一种办法省时间？我们能一眼看出第一种办法好，后两种办法都窝了工。

这是小事，但这是引子，可以引出生产管理等方面的有用的方法来。

水壶不洗，不能烧开水，因而洗水壶是烧开水的前提。没开水、没茶叶、不洗茶壶茶杯，就不能泡茶，因而这些又是泡茶的前提。

为什么我要引用华罗庚的这篇文章重新说明统筹方法呢？在管理学中，这种方法不仅可以管理融媒体中的各种项目资源，还可以在盘点、理顺这些项目资源的同时，提升管理运营效率。

1. 统筹管理人力资源

融媒体的运营，离不开人力资源的运营。虽然这里主要讲述素材的统筹，但是企业融媒体在统筹管理项目资源之前，需要将人力资源管理打通，借助人力资源去盘活、统筹其他资源，这是一个“上下游”的关系，有了A才能有B。

2. 统筹管理项目资源

融媒体分设多个部门多个岗位，每个部门以及每个岗位都有与项目相关的资源，这些资源是非常零散的，需要借助统筹方法将所有的资源管理起来，形成一个科学的、分类明确的资源库。再从资源库里调取每一种资源，也就方便、容易许多。

3. 统筹管理项目素材

项目素材的统筹管理应该放在最后，当前面的工作完成之后，各类资源之下的项目素材也会自动归类。对于融媒体运营者而言，他们不仅需要做好项目素材的统筹管理，还要定期对项目素材进行盘点、分类，形成项目统筹盘点运营流程，从而借助流程完成项目素材的管理与分类。

当今流行“多快好省”，统筹管理不仅可以帮助运营者提高融媒体的运营效率，而且能帮助企业融媒体架构一套运营管理程序，在整合、统筹项目素材的前提下，完成其他项目工作。

八、融媒体项目的精编

这里介绍一个概念，就是项目精编。什么是项目精编？就是将融媒体项目中的所有资源、内容、题材汇编到一起，然后进行归类、细化。有些企业管理者并不在意项目精编，而是采取一种“放羊式”管理，但是大多数的时候管理效果都不好。融媒体项目精编也有一套自己的方案，方案到底是什么呢？下面介绍几种融媒体项目的精编方案，供读者学习。

1. 宣传方案的汇编

一个企业一定需要宣传，而这种宣传离不开企业融媒体平台。换言之，企业的融媒体平台需要汇编宣传方案。几乎所有的企业都会存在宣传不佳的问题，在治理宣传方面的问题时，企业的融媒体平台更应该找到合适的“落脚点”。

除此之外，要制作宣传手册。很多企业都有自己的宣传手册，里面包含产品、企业文化的介绍等，产品与企业文化等的介绍内容也是融媒体开展活动的主要内容。如果一个企业暂时没有这样的手册，就需要制作一本。但是，与融媒体相关的项目宣传手册比普通的企业宣传手册内容更加丰富、细致，这样做的目的就是帮助企业融媒体开展项目活动。

2. 项目内容的汇编

如果企业融媒体早已经存在了，而且每个月企业都会安排项目活动。

那么，做好这一点也非常简单，运营管理者只需要定期梳理、盘点之前发布的活动任务，并汇集成册即可。有一家大型国企，每年都有一本精编项目活动手册，将全年的项目活动汇编在一起。为什么要这么做呢？这家企业的融媒体管理者说："这样做就是为了给融媒体项目开展新活动提供经验和指导。"当然，并非每一家企业都会这样做，但是融媒体项目内容的汇编非常有价值和意义。一方面，企业在做融媒体项目活动的时候，相关工作人员可以将既往的活动项目和现在的活动项目进行对比，从而选择更好的活动形式；另一方面，汇编也是整理与总结的过程，更是一种复盘行为。

如果一个企业融媒体平台能够做好宣传方案和项目内容的汇编工作，将会给未来开展融媒体项目活动提供动力。这是非常值得融媒人去做的一件事，也是一次项目活动的复盘与新项目的准备过程。

九、融媒体项目的声音调配与颜色调试

声音调配与颜色调试是融媒体项目中的两项重要工作。有人问："那些视频画面中的声音和颜色是原始画面的声音和颜色吗？"其实不是的。对于一个视频内容的制作者而言，想要让视频画面更加好看，就需要进行专业调试，即声音调配与颜色调试。经过调配和调试的声音和视频画面，可能会达到纪录片的水准。如果企业融媒体传播一种优美的、专业的、具备纪录片水准的视频内容，会不会大量"吸粉"，引发社会关注呢？

美国好莱坞是世界上最有名的商业电影制作中心，聚集了世界顶级电

影人才，既有鬼才导演，也有鬼才编剧，甚至连灯光、舞美、音效、画面的制作都是世界顶级的，给世界各地的影迷奉献出一部又一部精彩的大片。虽然企业融媒体的相关内容工作人员不一定要有好莱坞的制作水准，但是也要掌握声音调配与颜色调试两项工作的技能。

1. 声音调配

如今，许多内容生产者都会选择声音调配软件进行声音调配，在这里，我以“威力导演”软件为例，进行简单讲述。

第一步，打开“威力导演”软件，将需要调配声音的视频或者素材导入软件，然后进行调配。

第二步，将相关视频或者素材内容拖拽到“视频轨道”上，然后点击右上角的“编辑视频”按钮，再根据提示选择第二个选项，“威力导演”软件就会自动转到音频编辑模式上，然后就可以进行音频编辑了。

第三步，选择“声音位移”，根据自己的想法和要求对声音进行调试，最后选择视频格式，保存相关视频内容。

企业融媒体内容生产者借助“威力导演”软件就可以简单完成对视频内容中声音的调试。除了“威力导演”之外，还有许多与之相关的调音软件，如 premiere 软件（一款视频编辑软件）。这款软件与“威力导演”软件的操作方式如出一辙。企业融媒体内容生产者可以根据自己的习惯、爱好等选择一款声音调配软件，完成声音调配工作。

2. 颜色调试

关于颜色调试，具体有两项不同的工作，其一是视频内容的颜色调试（直播内容的颜色调试）；其二是图片内容的颜色调试。

（1）视频内容的颜色调试。

如今，市面上有许多视频颜色调试软件。因此，视频内容生产者要选择一款视频颜色调试软件。

第一步，将需要调整颜色的视频素材导入软件中，然后找到视频内容，将其从选项中拖拽出来。

第二步，找到“色彩校正”选择项，进行色彩校正。当然，不同的软件还会给内容制作者提供不同的方案，内容制作者可以根据相关要求选择方案，或者手动调整颜色、亮度、饱和度等。

第三步，保存视频内容。此时的视频内容，就是颜色调试后的视频内容。到这一步，也就简单完成了视频内容颜色调试工作。

（2）图片内容的颜色调试。

许多摄影师都会在后期对自己所拍摄的作品进行颜色调试，以此满足自己的摄影要求。企业融媒体的摄影师所做的工作如出一辙。想要呈现出品质优良的图片作品，就需要对原摄影照片进行颜色调试。图片颜色的调试方式有许多种，既可以使用专业软件，也可以在照相机或者手机拍摄软件上直接调试。一些专业摄影师会直接选择利用 PS（图像处理软件）对图片内容进行颜色调试与处理。在这里不多做介绍。对于一名图片内容生产者而言，学会并熟练使用PS是一项基本要求。无论是调试图片颜色，还是制作相关图片内容，几乎都需要PS的参与。

总之，声音调配与颜色调试是企业融媒体工作者的基本工作，也是非常重要的工作，这项工作直接关系到融媒体项目内容的质量，因此需要相关人员熟练掌握这些技能，并熟练使用相关软件。

十、融媒体项目的字幕调试

企业融媒体项目的视频内容，也会涉及字幕。许多纪录片视频都有字幕，设置字幕就是为了让更多的观众看得懂视频，更多地分享视频。还有一些地方媒体会选择用方言录制视频，方言视频更加需要字幕，有了字幕，才能广泛传播视频。比如，许多年轻人喜欢周延的说唱音乐，而周延经常选择用四川话进行说唱，他的MV（音乐录影带）都有字幕。还有，许多外语MV也有中文字幕。没有中文字幕，也就无法让许多国内观众看懂。或许，有人认为：在中国，没有必要给中文视频添加字幕。真是这样的吗？如果融媒体项目运营者想要让视频得到广泛传播，就要添加大家看得懂的字幕。

作者刘莎莎在其撰写的一篇名为《浅论电视新闻字幕的重要性》的文章中指出：电视新闻由图像、声音、字幕等组成。在电视新闻的后期制作中，字幕是不可或缺的一部分，它的出现，可以增强新闻的感染力和可视性，可以使观众在不影响听觉效果的基础上获取更多的信息，可以丰富画面的内涵，也可以弥补画面的不足。电视新闻作为电视节目的重要类型之一，一直备受观众瞩目。如果说图像、声音是一条电视新闻的主体，那么字幕则是二者的补充，它可以对图像和声音无法表达或难以表述清楚的内容进行补充说明，因此字幕也是电视新闻中不可或缺的构成元素，它不仅起到了解释说明的作用，同时起到了一定的美化、装饰效果。

换言之，视频字幕作用重大，调试视频字幕也是融媒体内容生产者的一项非常重要的工作。那么，哪些项目内容是需要字幕的呢？字幕又该如何调试呢？

1. 标题字幕

项目标题是需要清晰而直接的字幕的。许多喜欢电影的朋友都知道，所有的电影（电视剧、纪录片）都有自己的标题字幕，该字幕就是向影迷介绍这一作品。如果影视项目没有自己的标题字幕，也就无法向影迷介绍自己。另外，一个好看的、具有艺术气息的标题字幕，会直接给影迷带来影响。因此，我们的融媒体项目运营者除了要给融媒体项目取一个好听的名字，还要给出一个具有艺术气息的标题字幕。

2. 注释字幕

细心的观众会看到，在一些纪录片中，许多字幕具有一定的注释作用。如在某些历史类别的纪录片，导演为了让观众认识纪录片中的某些重要角色，都会对其进行注释。因此，注释字幕是必不可少的。当观众认识了视频中的人物，就会慢慢了解整个视频的内容，否则，就会给观看视频的人带来麻烦。

3. 滚动字幕

许多观众都能注意到，疫情期间，当我们打开电视机，就会发现电视画面底部的滚动字幕。这种滚动字幕并不是为了解释当前新闻，而是具有一种通知功能。比如，当我们观看某个电视台的电视节目的时候，也会看到画面下面的滚动字幕，这些内容非常灵活，有些内容与画面内容有关，有些则无关。许多电视台将插播的内容信息、预报的电视节目信息以及相关的疫情信息以滚动字幕的形式进行发布。这种方式，不仅可以解决传统电视节目收视率低的问题，还可以帮助观众了解到更多的信息。

4. 整版新闻字幕

对于一个企业融媒体项目而言，发布与企业相关的新闻是必不可少的。企业融媒体在发布整版新闻的同时，需要添加并调试字幕。这些字幕，主要起到某种强调作用。

除此之外，融媒体项目运营者在调试字幕的时候，也要选择合适的颜色、合适的字体，让字幕体现应有的价值，帮助企业宣传。

第十三章　融媒体经典案例分析

一、苏州广电 2018

如今，许多企业、媒体都在打造属于自己的融媒体中心，旨在打破垂直的、具有孤岛效应的传统媒体的壁垒，将传媒的能量和与之相关的传媒产品伸向蓝海，最终走入蓝海。在众多的经典案例中，不得不提苏州广电2018这个融媒体平台。

苏州广电即苏州广播电视台，曾经是一家非常传统的媒体机构。如今，许多地方广播电视台都挣扎在“生死线”上，业务萎缩，关注度大幅度下降……在一个新老媒体更替的时代背景下，传统的地方广播电视台只有另辟蹊径，才能打破瓶颈、突出重围、立足全国。在这样的背景下，苏州广电顺应时代形势，打造了苏州广电2018融媒体平台。苏州广电2018融媒体平台主要包含三个部分，作者林起劲在“中广互联”网站上撰写的一篇名为《融媒体典型案例：苏州广电2018》的文章对其做了介绍。

第一，融媒体中心，全面负责融媒体业务的推进，包括App的迭代、融媒体产品的策划和建设以及融媒体内容的生产，涵盖门户网站“名城苏州”、“无线苏州”App、“看苏州”App等。

第二，节目中心，负责运营对应的官方微信和官方微博。

第三，新媒体技术部，全面根据全台融媒体的要求，负责“中央厨房”媒体云平台建设，为全台的融媒体工作提供工具集和底层能力，做好基于人工智能和大数据的技术平台建设工作。

从苏州广电2018融媒体平台的结构看，这家融媒体平台既包含了传统的媒体业务，也涵盖了新媒体业务；既有推进融媒体业务的相关产品和App，也有自己的网站和媒体频道。除此之外，苏州广电有自己的官微，形成了一个“中央厨房”式的综合媒体平台。

当然，融媒体也是一种技术力量的体现。苏州广电2018拥有自己的云平台和大数据库，甚至还引进了人工智能技术。所以说，融媒体不仅融合了各种媒体形式，还融合了各种技术。苏州广电2018的打造过程是怎样的呢？是否有地方值得企业管理者去借鉴呢？

1. 打造“两微一端”小融合

融媒体的“融”，需要一个过程。一个没有融媒体经验的企业更加需要一点一点“融合”。苏州广电打造“两微一端”就是这样一个小融合过程。所谓打造“两微一端”，就是将微信、微博及新闻客户端融合到一起，形成一种媒体融合力量。前面我们讲过微信、微博的运营模式，许多企业、组织都有自己的“两微一端”。因此，“两微一端”既是打造融媒体平台的基础，也是融媒体平台的“地基”。

2. 打造“中央厨房”

什么是“中央厨房”呢？“中央厨房”指的是组织总部将采编来的相关素材收集在媒体数据库中，然后对相关素材进行加工，将其制作成媒体产品的半成品，再由各种媒体平台进行加工，最终形成媒体产品，在各媒体渠道上进行多次发布和传播。打造“中央厨房”虽然成本高昂，但是许多报纸、电视台都在采取这样的方式，并取得非常好的效果。苏州广电 2018 也采取了这种方式，打造了属于自己的“中央厨房”，逐渐形成了属于自己的融媒体平台。

3. 打造总编调度中心

总编调度中心类似于一个企业的管理运营中心。对于一个融媒体项目而言，除了技术和内容编辑，管理运营就是最重要的。苏州广电 2018 打造了属于自己的总编调度中心，负责整个融媒体平台的运作。总编调度中心都做了哪些事情呢？第一，负责“看苏州”App 等融媒体业务运作；第二，建造了全媒体采访中心，给移动端 App 优先提供第一手新闻资料；第三，形成了相关管理制度，如总编协调会制度、值班总编辑制度、采前会制度等。

苏州广电通过以上几步，完成了融媒体项目的打造，形成了一个“传统与现代”结合的全媒体平台，给地方传统媒体和相关企业提供了一个经典样板。

二、央视教科书案例

中央电视台也是最早采用融媒体平台的电视台，甚至可以说是中国融媒体行业内的排头兵。中国传媒大学新闻学院教授沈浩表示：电视节目一直是全家人齐聚一堂、促进家人交流的重要载体。基于百度大脑的 AI 技术打造出的 AI 产品，不仅能够基于 NLP（自然语言处理）等技术深入电视节目所处背景并烘托重要节日特色，还能基于语音、视觉及 AR 技术为一些特色节目带来颠覆性的想象空间。在与央视成功合作建立基础后，其也可以为电视媒体产业的其他玩家引流，提高观众体验。央视与百度的合作，仅仅是央视打造融媒体平台中的“冰山一角”。将人工智能技术引入到融媒体平台的建设，也是未来的一大趋势。

如今，央视拥有自己的融媒体公司，该公司全称叫作央视频融媒体发展有限公司，这家公司是央视于 2019 年斥巨资打造的全新的融媒体平台。那么，央视打造融媒体公司的目的是什么呢？央视副总编刘晓龙表示：总台正在按照“台网并重、先网后台”的思路，持续推动“三台三网”加速融合，力争在信息内容、技术应用、平台终端、管理服务等方面实现共享融通，在理念、内容、形式、方法、手段上大胆突破，打造载体多样、渠道丰富、覆盖广泛的移动传播矩阵。

如今，央视融媒体平台已经与多家媒体平台有深度合作，如百度、抖音、今日头条、新华网、网易、新浪、搜狐等。就像我前面所讲，融媒就是融合现有条件下一切可以提供流量平台的媒体。许多人直接通过手机，就能看到央视发布的新闻内容或者相关的视频内容，央视不仅有自己的App，甚至有自己的直播软件……人们曾经只能通过电视信号才能看到央视所有频道的栏目，现如今已经完全发生了改变。一则央视新闻，我们可能从微信公众号里看到，也可能从新浪微博上看到，甚至还能从今日头条、百度等平台上看到。换言之，央视融媒体平台一直在这样做，并取得了非常好的传媒效果。

央广网有一篇名为《2019央视春晚书写融媒体传播新篇章》的文章，作者秦华在文章中写道："融媒体时代，信息传播的速度更快、范围更广、影响更深远。在这场影响深远的媒体变局中，要想在浪潮中勇立潮头，就必须加大创新力度，打造并完善传播环节。今年春晚是中央广播电视总台成立后的首届春晚，其通过多平台协作，在扩大覆盖面的同时还大胆创新融媒体内容和传播样式，加强了春晚的视觉冲击力，让全球观众感受到了中国春晚的独特魅力……媒体融合堪为时代所向、大势所趋。除夕当晚，通过电视、广播、互联网等载体，央视猪年春晚实现了多样态、多终端、立体式、全覆盖传播。各种媒介资源、生产要素有效整合，覆盖了不同类型受众群体，实现了信息内容、技术应用、平台终端、管理手段共融互通，让春晚离受众更近……2019央视春晚创下了收视传播新纪录。据统计，在直播期间，通过电视、网络、社交媒体等多终端多渠道，海内外收视观众总规模达11.73亿人，比去年同时段观众规模提升约4200万人。其中，通过新媒体端直播和点播春晚的用户规模为5.27亿人，相对去年同时段新媒体端用户增加了9600万人；国内通过电视端直播与电视时移收看春晚的观众达到了6.214亿人；通过海外长城平台收看央视春晚的观众规模达2480万人，相对去年同时段海外观众收视规模增加1100万人。”我想，这些数据是最明显的体现，也是央视打造融媒体、使用融媒体的成功之处。

回到我们最早讨论的话题，融媒体是一个引流平台，是一个集合众媒体力量的平台。除了央视之外，许多省级电视台也开始打造自己的融媒体基地，借助多媒体矩阵进行新闻、视频内容的传播。还有一些新影视公司也在借助融媒体之力打造自己的IP王国，吸引更多人参与到相关融媒体项目的互动中来。

三、山东广播电视台融媒体升级

许多地方广播电视台也在将传统的媒体平台升级为融媒体平台。山东广播电视台给许多地方电视台提供了一个经典样板，通过改造升级，打造了属于自己的融媒体中心。

山东广播电视台的融媒体平台叫山东广播电视台“融媒超市”，其官方网站是这样介绍的：“我们是依托资讯生产的‘新闻高地’，将融媒体资讯中心资源整体打包，打造融媒体营销超市（简称‘融媒超市’），‘一站式’购买加速购买流程，降低购买成本，获得精准、可衡量的数据化整合传播效果。”其“融媒超市”包括六大资源。

1. 硬广资源

什么是硬广资源呢？这是一种传统的、直接播放广告内容的资源，硬广资源包括齐鲁网、山东网络台、山东广电户外大屏、电视公共频道、电视体育频道、电视国际频道。传统的硬广资源并没有因互联网的到来而被淘汰，如果合理利用，仍将发挥巨大的作用。

2. 软广资源

什么是软广资源呢？与硬广资源相比，它是直接由内容生产者策划“软文广告”，然后通过某些特定的媒体介质和渠道进行投放。山东广播电视台的软广资源包括电视公共频道内的相关栏目资源（《中国法制60分》《民生直通车》《民生实验室》等）、电视体育频道内的相关栏目资源（《竞彩欢乐送》《闪电体育》《全能挑战王》《激情冲击波》等）、齐鲁网、山东网络台、双微矩阵等。

3. 电视类专题资源

对于电视台而言，电视类专题资源是其优势资源。山东广播电视台的电视类专题资源主要包括两大类，即医疗类资源和综艺类资源，这两大类资源将会在体育频道、公共频道、国际频道进行投放。

4. 网络类专题资源

进入互联网时代，山东广播电视台也紧跟时代步伐，在网络类专题资源方面进行深度挖掘，并且拥有了庞大的媒体资源库。山东广播电视台的网络类专题资源包括融媒体专题，图片类可视化产品（图解资讯、影像力、无人机拍摄），闪电新闻客户端（手机专题、微杂志、手机直播），视频类可视化产品（微电影、宣传片、齐鲁课堂、高端访问）等。

5. 项目资源

项目资源即媒体项目资源，这些项目都是独立的，拥有各种不同的功能。山东广播电视台的项目资源有很多，具体包括数据舆情、品推活动、新闻客户端推送、融媒传送、合作栏目、双微代运维、国际传播、官网建站改版、建立联络站等。许多企业融媒体项目也有自己的项目资源，其项目资源与企业内的相关项目和产品有关。

6. 组合资源

组合资源就是将所有的资源进行整合，形成一种“融媒力”。山东广播电视台的组合资源主要体现在三大板块，即战略合作党政事业板块（融合传播 + 合作栏目 + 数据舆情 + 国际传播 + 推广活动 + 客户端推送 + 授权联络站 + 官网升级 + 双微代运维），战略合作大型企业板块（融合传播 + 合作栏目 + 推广活动 + 客户端推送 + 广告资源融合供给，硬广资源 + 软广资源），战略合作市场推广板块（融合传播 + 合作栏目 + 推广活动 + 客户端推送 + 广告资源融合供给，硬广资源 + 软广资源）。由此可见，其媒体资源可以相互融合、渗透，形成一种组合，扩大媒体产品的传播力度和覆盖面积，真正体现融媒体的力量。

山东广播电视台的融媒体平台是一棵摇钱树，其重要目的就是提升流量、打造 IP、制造营收。因此，该平台还有与之相关的营销促销方案，如山东广播电视台融媒体促销优惠方案，该方案包括日常优惠方案（硬广折扣、软广折扣）和特别促销方案（首单立减、满减折扣、满额福袋、任性红包、月度特卖、预存优惠）。由此可见，山东广播电视台集合了众资源之优势，打造出一家高品质的“融媒超市”。

四、北京延庆融媒体平台

如今，许多地方政府都有自己的门户网站和服务中心，但是拥有融媒体平台的政府部门还是不够多。随着时代的发展，许多政府工作人员也发现了融媒体的“闪光点”，把融媒体平台的搭建当成一项重要工作。另外，许多地方政府通过融媒体解决了许久没能解决的问题。中央大力支持融媒体建设，融媒体在政策的春风下焕发了生命力。2019 年，中共中央总书记习近平在十九届中共中央政治局第十二次集体学习时强调：要抓紧做好顶层设计，打造新型传播平台，建成新型主流媒体，扩大主流价值影响力版图，让党的声音传得更开、传得更广、传得更深入。要旗帜鲜明坚持正确的政治方向、舆论导向、价值取向，通过理念、内容、形式、方法、手段等创新，使正面宣传质量和水平有一个明显提高。主流媒体要及时提供更多真实客观、观点鲜明的信息内容，掌握舆论场主动权和主导权。

一方面，地方政府打造融媒体，做好融媒体顶层设计的目的在于响应国家号召，顺应时代发展；另一方面，地方政府通过融媒体打造舆论阵地，掌握舆论主导权和主动权，提升意识形态安全高度，提升政府机构服务社会、服务人民的综合能力。因此，北京延庆区也拥有了自己的融媒体中心。那么，延庆融媒都有哪些值得借鉴和学习的地方?

1. 延庆融媒是实践调研的结果

就像前面所讲，任何一个组织在搭建融媒体中心之前，都要进行详细的市场调研，通过调研了解融媒体。北京延庆区搭建融媒体之前，进行了详细的实践调研，形成了“五统一”和“五融合”的标准。什么是“五统一”呢?“五统一”即统一收集线索、统一指挥调度、统一协调资源、统一流程管理、统一绩效考核。什么是“五融合”呢?“五融合”即新闻产品深入融合、内宣外宣传播融合、技术系统共享融合、策采编发流程融合、采编人员技能融合。“五统一”和“五融合”的工作标准，给北京延庆区打造融媒体前期的一切工作指明了方向，“五统一”和“五融合”的工作标准，也值得其他地方政府和企业进行学习。

2. 延庆融媒做到了“四个提升”

融媒体的建设，就是为了升级原有的媒体舆论阵地，提升原有的功能。什么是“四个提升”呢？第一，技术提升，包括媒体技术的提升和员工技术能力的提升。第二，效率提升。传统的媒体技术和考核方式制约了媒体平台的发展，只有升级媒体技术和人员考核方式，才能提升工作效率。第三，策采编发流程的提升，旨在实现内宣与外宣的一体化和传统媒体与新媒体的一体化。第四，综合能力的提升。当融媒体中心建设起来，政府的综合处理能力就会大大提升。正如作者董喜延在《北京市延庆区融媒体中心如何能变为文化地标、开放场所》中所写：延庆区融媒体中心一期建设是在原址相对独立的内部工作场所、三楼60平方米会议室进行安装改造，小成本投入，迅捷实战建成延庆融媒体指挥调度平台。二期确定新址为融合开放的平台，打造为延庆文化地标、提供公共文化服务的开放场所，是区内媒体与区外媒体、媒体与大众、传媒与社会生活融合的平台。

如今，北京延庆区融媒中心早已经挂牌成立，并发挥了重要作用。其不仅融合了媒体，还融合了技术和人力，打造了舆论生态圈。

五、《太仓日报》“中央厨房”

当前，许多传统媒体都遭遇了严重的瓶颈，似乎在互联网大潮下，纷纷陷入了困境。之前，某地方日报社传闻裁员，甚至连员工工资的发放都成了问题。难道传统媒体真的到了无路可走的地步了吗？这似乎是一个严重的问题，急需相关管理者去解决。有一个词非常“扎心”：纸媒已死。关于“纸媒已死”的话题，似乎也是争议不断。作者梁建航早在 2013 年就撰写了一篇名为《纸媒已死：真相抑或营销说辞》的文章，他指出，“纸媒已死”的刻板印象之一，是有了互联网，似乎大家都不看书读报了。但中国传媒大学传播副院长刘昶表示，传播学的研究反而表明，买报纸的人很多是网民。不是因为上了网大家都不买报纸杂志了，而是因为上了网，大家才去买报纸杂志。互联网的消息都是短平快的，迅速但流于肤浅，要解读这些消息，只能通过深度阅读纸媒……“纸媒已死”的一个刻板印象，是纸媒普遍遭遇危机。但正如偶有一两家饭店倒闭，不能推导出餐饮行业出现问题，偶有一两家纸媒倒闭，也不能断言纸媒日薄西山。特别是在中国特殊的环境下，纸媒倒闭的更大原因，是市场化转型失败，主管部门停止输血。

在一个更新换代的世界里，任何一种传统的东西都可能倒下，也有一些传统的东西会延续下来。纸媒无法立足了吗？我想，这恐怕只是一种说辞。许多传统纸媒正在搭建融媒体平台，通过融媒体焕发新生。在许多成功的案例中，《太仓日报》的“中央厨房”就是一个非常典型的例子。《太仓日报》是一家普通纸媒，在纸媒普遍不好过的今天，它积极进行融合转型，寻找新的突破口。搭建融媒体平台就是突破口。那么，《太仓日报》的“中央厨房”是什么样子的呢？都有哪些经验和做法值得借鉴？

一篇名为《太仓，媒体融合二“忠”全会》的文章这样介绍《太仓日报》

的发展史:《太仓日报》从2007年推出数字报，2008年推出苏州地区首个县市手机报，2013年《太仓日报》样样有资讯网站、《太仓日报》官方微博正式上线，2014年推出《太仓日报》官方微信、《太仓日报》样样有微信，2016年推出微信直播，2017年成立融媒体中心，推出新闻客户端“江海潮”，如今《太仓日报》“中央厨房”正式投入运行。

从《太仓日报》的发展史中，人们不难看出，这家传统纸媒一直紧跟时代步伐，甚至一直尝试使用传统媒体之外的新媒体进行信息传播，如数字报、资讯网站、微博、微信直播、新闻客户端等。这些平台的“融入”，都是《太仓日报》决心打造融媒体平台的结果。就像前面所讲，融合不是一蹴而就的，融媒体平台是逐渐形成的。随着时间的延伸、技术的成熟、人才创新能力的发挥,《太仓日报》“中央厨房”逐渐形成。通过详细了解，发现《太仓日报》“中央厨房”有三个特点。

1. 打造了“四个中心”

融媒体主要有三个板块，即管理运营板块、内容生产板块、技术板块。《太仓日报》打造的“四个中心”也在三大板块上有所体现。《太仓日报》融媒体中心的“四个中心”即采编联动中心、技术排版中心、新媒体运营中心、指挥决策中心。“四个中心”形成强有力的融媒体架构，从项目决策到内容采编，到技术支持，再到项目运营，环环相扣。“四个中心”形成强大的合力。

2. 人力改革

企业即人。无论是何种形式的融媒体中心，都是人在运营、管理、制作、创新。《太仓日报》进行了人才改革，在确保工资绩效的情况下，打造出具有市场竞争力的精品栏目。

3. 与商业模式进行融合

《太仓，媒体融合二“忠”全会》这篇文章中还介绍：《太仓日报》以用户为核心、以产品为导向，以“互联网 +、媒体 +、资本 +”理念着力打造“太报智屋”（房产买卖线上线下交易平台）、“太报智库”和“太报直播”三大品牌。这种融合，是一种“融媒体 + 商业模式”的融合，也是未来融媒体的发展方向。

总之，《太仓日报》“中央厨房”项目的落地，标志着中国地方日报社正式走向融媒深海。纸媒的融媒之路，也是一条可以冲出“纸媒已死”牢笼的道路。

六、中铁集团融媒体

中铁集团是著名的央企，这家集团一直保持着核心竞争力，并且在互联网时代传递风采、打造品牌。与此同时，中铁集团拥有自己的融媒体中心。作者陈振在《中国中铁报：“融媒体”唱响企业好声音》中指出：融媒体时代下，各大媒体的和谐共生、兼采众长，让新闻的内容更加直观与具体。项目部充分利用融媒体时代下“媒介之间的边界由清晰变得模糊”的情形，结合工程节点、人物典型、社会热点，实现多种内容全面覆盖，并依靠资源共享的大环境，将有价值的新闻点，一稿多投、一稿多用，最终通过报刊、电视台以及互联网等构筑的宣传交融平台广泛传播，形成一段时间的“热点效应”，为企业品牌推广增添了助力。

由此可见，中铁集团领悟了融媒的深刻含义，旨在通过融媒提升企业的形象，推广企业品牌。中铁集团的“融媒战略”在全国各个分公司广泛开花，并且结出累累硕果。2018 年，中铁南宁局集团有限公司融媒体中心挂牌成立。这家融媒体中心下设总编室以及七个分支部门，七个分支部门的职责具体如下。

报纸编辑部，顾名思义，就是借助传统纸媒的优势，在报纸上进行相关项目的撰写与发行。中铁南宁局集团有限公司融媒体中心的报纸编辑室下设《南宁铁道报》，在当地有一定的社会影响力。

全媒体采访部，这个部门负责相关项目、选题的采访、采稿工作，然后通过全媒体的形式进行内容发布。

电视编辑部，电视与纸媒一样，都是传统媒体。如今，电视媒体仍旧是活跃在时代前沿的主流媒体。中铁南宁局集团有限公司融媒体中心下设宁铁影视，也有非常好的渠道可进行相关影视作品的发布。

移动端编辑部，如今，许多企业都有自己的移动端，中铁南宁局集团有限公司融媒体中心也不例外，它有自己的移动 App，人们只需要通过手机进行下载安装，就能看到中铁南宁局集团有限公司的相关新闻。

技术播控部，这个部门相当于前面介绍的“三大部门”中的核心技术部门，负责中铁南宁局集团有限公司融媒体中心的项目技术支持和技术风险控制，也是必不可少的核心部门之一。

专题制作部，中铁南宁局集团有限公司经常会有自己的专题和新项目，因此需要设立一个部门专门进行相关专题项目的制作、拍摄等，然后与其他部门进行联动合作，将专题片传递出去。

综合财务部，几乎所有的融媒体中心都有自己的财务部门，但是综合财务部的功能并不只是收入支出一项，它肩负起融媒体中心人力资源、福利体系、薪酬体系、奖励机制在内的一切与运营管理相关的职能。综合财务部是某种形式的管理运营部门，同样是中铁南宁局集团有限公司融媒体中心的核心部门之一。

中铁南宁局集团有限公司融媒体中心成立之后，打造了许多流量型的专题内容，并引起非常大的社会反响，如“宁听”栏目，《南宁铁道》中的一篇文章介绍道：倾听职工心声，闲聊身边故事，轻松、活泼、接地气的内容和风格一经推出，就受到职工的关注和喜爱，产生积极反响。每期通讯员来稿量保持在50篇以上，阅读点击量平均在3000次以上。除此之外，中铁南宁局集团有限公司融媒体中心还打造了专题纪录片，也取得了非常好的社会反响。

如今，中铁集团多个分支公司都在打造融媒体平台，并且从融媒中获取了价值，在推广企业品牌的同时，宣传了企业的口碑，为企业发展创造了新条件、新契机。

七、平安集团与“平安头条”

平安集团是我国著名的金融服务集团，涵盖许多方面的业务，如保险、银行、健康等，也是一家世界五百强企业。早在2019年，平安集团就推出“平安头条”全媒体项目。“平安头条”到底是一个怎样的平台？“蓝鲸财经”网站刊发了一条信息，信息显示：2019年11月12日，平安集团发布了一则招聘信息，旗下“平安头条”将招募180名财经记者，进行财经新闻和视讯节目内容的生产。招聘信息显示，“平安头条”是中国平安集团打造的全媒体资讯平台。

“平安头条”不同于今日头条，它只服务于平安集团内部，并且为平安集团搭建了一个全媒体生态圈。有人问：“全媒体与融媒体有何区别？”全媒体与融媒体有一些区别，融媒体包含了全媒体，融媒体还包含了内容架构、人员管理、媒体运营……因此有这样一句话，“全媒体是基础，融媒体是目的”。对于“平安头条”而言，其“架构”是一套融媒体的架构，其“运营”是参照融媒体运营的方式进行的。对于一个企业而言，打造一套“平安头条”式的媒体生态服务自己，是非常好的一种品牌宣传推广方式。

“平安头条”有一个属于自己的官方网站，其名字就叫“平安头条”。“平安头条”有四大板块，即财经、汽车、健康、平安。

财经板块主要与财经信息相关，既有视频信息，也有财经评论。这个板块是一个非常专业的板块，“干货”满满。其中有一个子板块叫作“平安观点”，里面的文章由平安集团的财经专家进行撰写，一方面体现平安集团在财经方面的专业程度，另一方面吸引“粉丝”，给平安集团带来流量。还有一个子板块叫“市场日评”，给广大股民提供建议。

汽车板块每日更新与汽车相关的信息，如新车上市信息、车辆存在的问题等。如今，中国拥有汽车的家庭越来越多，汽车已经是人们不可或缺的家庭财产。与此同时，平安集团的保险业务与汽车息息相关。当人们打开“平安头条”，尤其是点开汽车板块，就会想到平安车险等理财产品，或平安银行提供的车贷业务。

健康板块也是如此。当今社会，许多上班族长期生活在高压下，身体可能处于一种亚健康状态。唯有身体健康，才能生活得更好。平安集团的“平安健康”是一项重要业务，平安集团有相关的产品。当然，打开健康板块的时候，就会发现，这个板块几乎都是与健康相关的“干货”内容，手把手地教人如何调理自己的身体，如何远离亚健康，如何认识各种疾病。平安集团所传递的这些信息，都与自己的服务有关。

平安板块是一个与平安集团有关的板块，这个板块属于“自留地”，主要为了宣传企业品牌形象，展示企业风采。

不管如何，平安集团与“平安头条”正在茁壮生长。“平安头条”的这种“思维架构方式”同样适用于其他企业。我们的企业在做融媒体平台的时候，也可以考虑将类似的这种全媒体方案融进融媒体平台体系，进一步完善企业融媒体生态链，让融媒体发挥更强大的力量。

八、国家电网融媒体案例

国家电网是一家世界五百强企业，这家企业早早就发现了融媒体的价值，其多个分支公司也在创建属于自己的融媒体平台。2019 年，国网浙江电力创办了融媒体平台，一篇名为《国网浙江电力上线国家电网首个省公司融媒体中心技术平台》的文章写道：融媒体中心技术平台上线是国网浙江电力贯彻落实国家电网公司“新闻宣传最有条件率先进入泛在电力物联网”决策部署的重要举措，是推动媒体融合发展进程中的一个重要里程碑。融媒体中心技术平台实现了国网浙江电力宣传工作业务在线协同和流程贯通，标志着国网浙江电力宣传资源的全面整合、信息数据的充分集成、新闻产品的实时展现，体现了泛在电力物联网融媒体中心媒体互联、人员互联、数据互联、技术互联、运营互联的优势特点。

国家电网打造的融媒体也叫电力融媒体，虽然国家电网是一家能源供电公司，但是这样的公司同样需要企业品牌的推广以及与之相关的企业创新，尤其在新能源的开发与合作方面，需要让更多的人认识国家电网，认识新能源。只有这样，才能让所有电网用户认识能源生产的过程和价值，并提醒广大电网用户节约能源。《现代企业文化》杂志刊发了一篇名为《探析融媒体时代电力企业对外宣传工作》的论文，作者潘聪在论文中表示：随着高新技术的飞速发展，我们迈入了融媒体时代，这一时代的到来助推了新闻传播步入更高层次、更宽阔的发展领域。在开展新闻传播的过程中，通过高效汇总收集到的各种媒介的信息，再借助光纤通道加以高速传递，可以高效率地实现传播的效果。在加快采用融媒体开展对外新闻传播工作的同时，电力企业中整个的媒体格局随之发生一定的变化，这促使电力企业新闻宣传工作水平进一步提升，其发展速度进一步加快。那么国家电网是如何打造融媒体平台的?

1. 融有“道”

什么是“道”?就是一种道理。融媒体的“融”，本来就有道理，而绝非任意为之。国家电网的融媒之道是顶层设计与基层创新的结合，并且融入了新技术（大云物移智链），形成了“1+2+2 ”模式。何为“1+2+2 ”模式呢?即“总部融媒体云 + 省公司融媒体中心、直属单位融媒体站 + 全媒体新闻平台、媒体大数据库”。这样的融合，是部门与部门的融合，技术与技术的融合，管理与管理的融合，通道与通道的融合，体现了“融”的科学性，帮助国家电网打造企业宣传平台和舆论引导平台。

2. 融有“法”

所谓融有“法”，就是形成一种科学管理的局面，让融媒体的触角延伸到国家电网的各个岗位和各个环节。国家电网公众号发表了一篇名为《国家电网推动“最大变量”转变为“最大增量”》的文章，指出：在公司总部及省公司设立宣传部、直属单位设立党建部（宣传部）基础上，在 27 家省公司设立融媒体中心、18 家直属单位设立融媒体站、千余家地市县公司设立融媒体分中心。坚持“统一领导、分级负责、归口管理”，组建总部、省、市、县四级 2300 余人新闻发言人队伍，组建“核心—骨干—普通”三级 3200 余人通讯员队伍，形成公司党组统一领导、宣传部门牵头协调、业务部门分工负责、基层单位主动落实、全员共同参与的融合发展格局。融有“法”，强调了一种有章可循的融媒文化和理念。

3. 融有“术”

所谓“术”，就是具体的技术。融媒体都有哪些“术”呢？前面写过很多，包括坚持原创，打造精彩项目，广泛利用各种平台，将制作的优质原创内容发布出去。国家电网始终坚持这样的做法，其原创抗疫作品《今天傍晚，武汉雷神山医院全部通电》曾经获得上亿次的点击量。

如今，国家电网总部以及各个省级分支公司几乎都拥有了自己的官方融媒体平台，为企业发展、品牌建设创造了巨大贡献。